AF319992

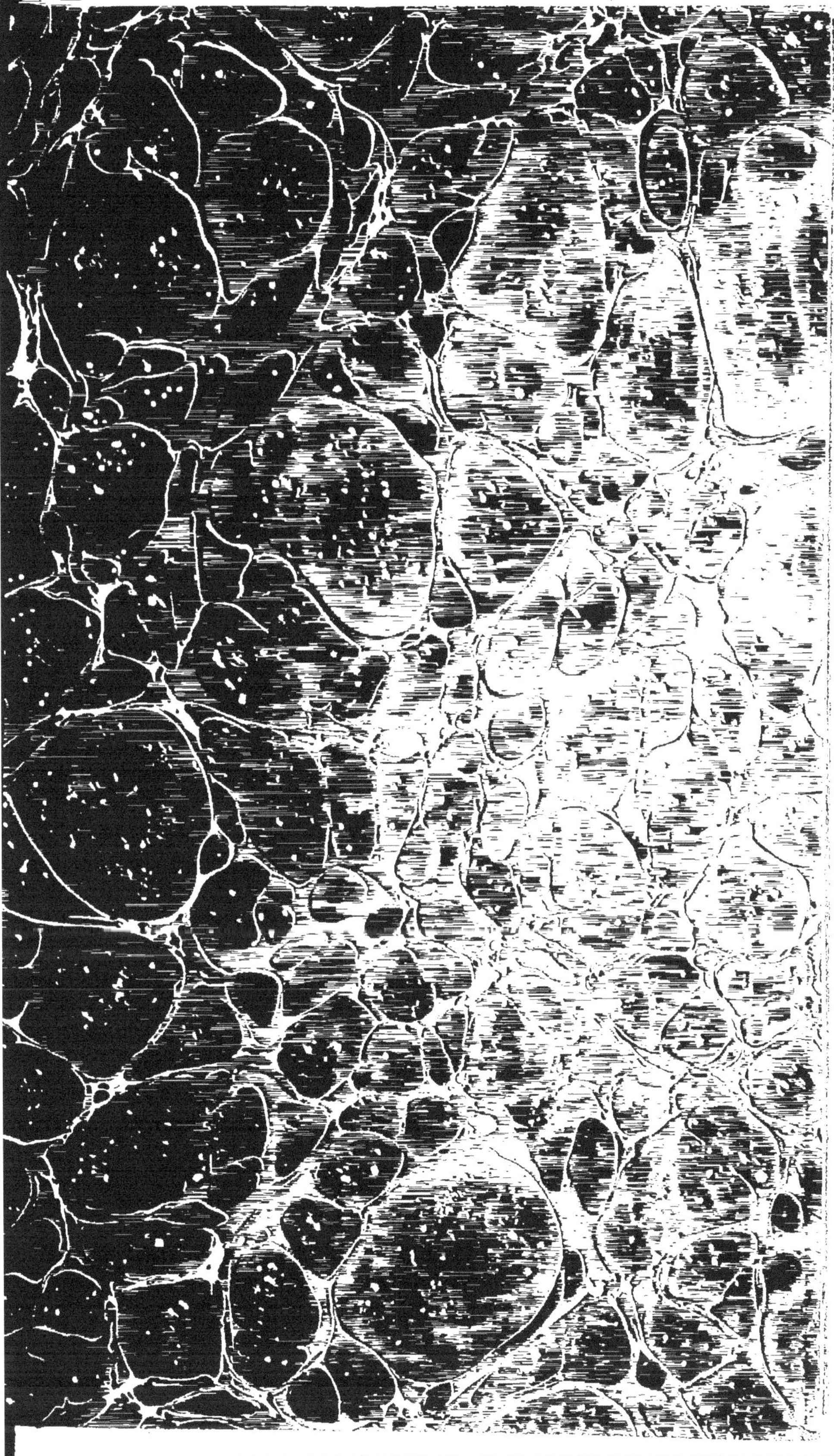

R(

R

23723

La Découverte

DE L'ORIGINE ET DE L'ÉTYMOLOGIE

DE TOUS LES MOTS COMPOSANT LA LANGUE FRANÇAISE.

LA DÉCOUVERTE

DE L'ORIGINE ET DE L'ÉTYMOLOGIE

DE TOUS LES MOTS

COMPOSANT LA LANGUE FRANÇAISE,

avec l'explication

DES NOMS D'HOMMES ET DE LEURS PRÉNOMS,

DES NOMS DES VILLES, VILLAGES, FLEUVES, RIVIÈRES, etc. etc.,

ou

L'HISTOIRE DES PEUPLES DE LA GAULE-BELGIQUE,

AU TEMPS DE L'INVASION ROMAINE;

Ouvrage offrant à tout le monde une lecture curieuse, instructive et amusante.

—

Par L.-N.-H. L.

—

Si quid novisti rectiùs istis, candidus imperti ;
si non his utere mecum (Horace.)

SAINT-QUENTIN.

Imprimerie d'Ad. MOUREAU, Lithographe, Grand'Place, 7.

———

1846.

AVIS AU LECTEUR

POUR SERVIR

D'AVANT-PROPOS.

Le livre que nous offrons ici au public nous paraît destiné à produire dans le monde, et le monde littéraire surtout, une profonde impression, une révolution complète. Ce n'est plus d'un traité scientifique, d'une histoire, d'un roman ou d'aucun de ces écrits que l'on voit éclore chaque jour qu'il s'agit ici, mais bien d'une découverte magnifique et précieuse pour l'histoire, d'une découverte au moyen de laquelle toute personne, de quelque condition qu'elle puisse être, pourvu seulement qu'elle soit douée de quelque bon sens et sache lire, pourra trouver la signification véritable et l'étymologie de tous les mots de la langue française indistinctement, et, par tous les mots de la langue, on n'entend pas seulement parler ici des mots consacrés au langage, ou des mots ordinaires et usuels, mais bien encore de ceux qui ne présentent plus aucun sens à l'esprit, tels que les noms de famille, les prénoms, les noms de villes, villages, etc. etc. Il n'est pas jusqu'aux mots les plus obscurs et particuliers à chaque localité, tels que Montmartre à Paris, Hautoie ou Vidame à Amiens, Fervaques à Saint-Quentin, Sobotécluse à Péronne, etc. etc., il n'est pas, disons-nous, jusqu'à ces mots particuliers et exceptionnels auxquels on ne puisse, avec la clef que nous donnons ici, trouver une signification claire et précise.

Un des plus prochains résultats de cette précieuse découverte sera nécessairement de détruire dans nos colléges et nos écoles les nombreuses erreurs accréditées et enseignées en tout ce qui concerne les étymologies des mots de notre langue. Demandez aux plus jeunes écoliers, aux élèves de 4e. ou de 5e. d'où dérivent les mots physique, théologie, philosophe, phénomène, philanthrope, etc. etc., ils vous répondront à l'instant même et avec la plus grande assurance : du grec! C'est bien certain, puisque c'est enseigné partout! Et d'où viennent donc les mots dimanche, esprit, idée, église, homme, femme, fille, etc. etc.? Oh! pour ceux-ci, il est aussi certain qu'ils dérivent du latin que les autres du grec! La preuve, c'est que plusieurs

de ces mots existent tout faits dans les deux langues ;
la preuve encore, c'est que nos professeurs n'en
doutent aucunement et sont tous d'accord sur ce
point.

Cette découverte de l'étymologie des mots de notre
langue est de nature, on le pense bien, à rencontrer
tout d'abord beaucoup d'incrédulité et d'opposi-
tion dans le monde savant. Nous devons dire même
que déjà elle a été accueillie avec beaucoup d'hu-
meur en France par un corps qui passe pour le
premier en science et en savoir ; elle a été reçue
par lui comme un ennemi qu'on méprise et avec
lequel même on dédaigne de se mesurer. Telle est
la prévention qui déjà s'est élevée contre elle que,
dans Paris ou Lutèce, la capitale aujourd'hui des
sciences et des arts, comme elle était au temps des
Gaulois, ainsi que ces noms nous l'indiquent, la
ville du grand luxe, que dans Paris même, pas un
éditeur n'a daigné jeter un coup-d'œil sur nôtre
manuscrit et s'assurer de ce qu'il contenait. Ce n'est
pas l'œuvre, mais bien l'homme qu'il faut à ces
éditeurs ; il leur faut de ces écrivains qui exercent
le monopole de la pensée, car, hors de là, il n'y a
plus vraiment à leurs yeux rien de méritant. Mais
voici de la part d'un savant un trait de prévention
bien plus remarquable encore : Un membre de
l'Académie des inscriptions et belles-lettres nous de-
manda l'étymologie d'un mot, du seul mot : théolo-

gie ; mais tout aussitôt que nous lui eûmes expliqué qu'elle était française et bien autrement claire que la prétendue étymologie grecque, notre savant se crut offensé ou mystifié ; ses yeux roulèrent avec fureur dans leurs orbites ; ses membres se contractèrent comme s'ils eussent été agités de mouvemens convulsifs ; et lorsque la crise fut apaisée, nous le vîmes nous regarder fixement et d'une manière si singulière, que nous crûmes devoir nous écrier à l'instant même : mais, Monsieur ! vous nous considérez sans doute comme un fou ? Non, dit le savant en trépignant, non, je... je... je vois que vous êtes convaincu ! Oui assurément, et notre conviction est aussi profonde et mieux fondée sans doute que votre prévention.

Ce n'est donc pas au jugement des savans que nous devons soumettre l'appréciation de notre découverte. En matière d'étymologies françaises nous les considérons comme tout-à-fait incompétens. Imbus qu'ils sont du grec et du latin, ils ne sauraient procéder dans leur examen avec un esprit sain et dégagé de toute fausse prévention. Le juge éclairé que nous invoquons ici, c'est le public placé en dehors des sociétés savantes, c'est ce public doué du véritable bon sens et dont le jugement ne s'égare pas si facilement. Ce juge au moins ne tient pas opiniâtrement à ses erreurs, et il n'est pas persuadé qu'il n'y a véritablement de beau et de bon en France que ce qui nous vient des Grecs et des Romains.

Nous aurions désiré présenter cet ouvrage en style plus élégant et plus correct ; mais nous confessons humblement ici que nous n'avons pas la moindre prétention de nous poser comme écrivain. La sphère isolée d'ailleurs dans laquelle nous vivons n'est pas de celles où l'on fait usage de la plume ; là, chacun reste complètement étranger aux sciences et aux lettres, et c'est à peine même si l'on connaît les noms des écrivains les plus distingués de notre époque. L'indulgence nous est donc acquise d'avance, et nous avons d'autant plus droit d'y compter qu'il nous a fallu concentrer tous nos efforts sur un seul point, lequel a pour objet la démonstration des étymologies françaises et de la signification originelle et véritable de tous les mots indistinctement qui composent notre langue. En travaillant sur une pareille matière, sur un thême neuf et hérissé de tant de difficultés, nous avons pu nous permettre de négliger quelques accessoires. C'est ici le cas de dire avec raison : le fonds l'emporte sur la forme.

LA DÉCOUVERTE

DE L'ORIGINE ET DE L'ÉTYMOLOGIE

L'HISTOIRE ancienne est restée de nos jours de beaucoup en arrière du progrès imprimé à toutes les sciences en général. Parmi le grand nombre d'historiens célèbres que possède la France, aucun, que nous sachions, ne s'est livré exclusivement à l'étude de notre Histoire ancienne. Cette étude, il est vrai, est des plus arides; elle est d'une difficulté désespérante; mais on oublie trop aisément que c'est toujours dans la difficulté vaincue que réside le plus grand mérite. Les élémens de l'Histoire ancienne se trouvent comme éparpillés dans notre propre langue; ils sont enveloppés et cachés dans les mots que nous prononçons chaque jour et dont nous ne connaissons ni l'étymologie, ni l'origine, dans les mots dont nous connaissons seulement le sens, sans en connaître la véritable signification. Chacun de ces mots contient en lui-même un document pour l'histoire, et ce n'est que du jour où nous aurons pénétré le secret de ces mots, que datera et pourra marcher avec succès l'étude de notre Histoire ancienne.

Toutes les Histoires de France écrites jusqu'aujourd'hui

sont empreintes du même esprit et rédigées sur le même plan. Toutes s'attachent aux faits modernes, la plupart déjà connus et enregistrés, et laissent de côté la recherche des faits les plus anciens et les plus curieux. On les croirait volontiers une compilation les unes des autres, il semblerait qu'elles sont, pour ainsi dire, autant de branches détachées d'un même tronc. Il était difficile qu'il en fût autrement, en suivant la fausse route dans laquelle les historiens se sont trouvés entraînés, malgré eux, jusqu'à ce jour. En effet, à quelle source, jusqu'à présent, ont-ils puisé? Où ont-ils trouvé les élémens de notre Histoire, les renseignemens propres à les éclairer sur le principe et l'origine de nos institutions, de nos établissemens; sur l'époque de la fondation de nos villes, de nos villages? etc. etc., — uniquement dans les écrits des modernes. Mais les documens les plus anciens leur manquent, et ceux-là sont les plus précieux et les plus intéressans. On trouve dans l'histoire le récit de l'invasion des Gaules par les Cimbres et les Teutons, et de l'invasion faite antérieurement par les Gaulois chez ces derniers ou les Germains; mais l'on ignore la cause de ces grands événemens, les batailles sanglantes qui en sont résultées, et les faits importans qui ont dû en être la suite inévitable. Nous sommes dans l'ignorance la plus complète sur l'origine des peuples qui nous ont précédés. Ce que nous savons à cet égard sur les temps les plus anciens nous a été révélé par un peuple qui nous a devancés dans la carrière de la civilisation, par le peuple Romain qui combattit les Gaulois, et après les avoir soumis, les gouverna pendant des siècles.

Jules César , ce célèbre conquérant Romain , est aussi
le plus ancien historien des Gaules. Tout en nous traçant
avec une admirable clarté le récit des nombreux combats
qu'il livra pendant dix ans à ces fiers Gaulois , toujours
prêts à courir aux armes pour défendre leur liberté , il
nous fait encore connaître leurs institutions , leurs
mœurs , leurs usages , les noms qu'ils donnaient à leurs
dieux et aux ministres de leur culte , les noms que portaient leurs rois ou chefs d'armée , ceux qui apparte-
naient à leurs principales villes et aux peuples qui en dé-
pendaient , ainsi que les noms que portaient leurs fleuves
et rivières , lesquels formaient , en ce temps-là , les frontières , les lignes de démarcation naturelle entre chaque
peuple.

Si les historiens , dès l'origine , se fussent appliqués à
chercher la signification des mots Gaulois traduits en latin par Jules César dans ses commentaires , lesquels mots
lui servent à désigner les chefs d'armée , les dieux , les
fleuves ou les villes des Gaulois , nul doute qu'aujour-
d'hui l'Histoire de France , des temps les plus anciens,
ne fût beaucoup plus avancée et mieux connue ; et nous
n'aurions pas pour ainsi dire la honte d'ignorer aujour-
d'hui presque complètement l'étymologie et la signification véritable des mots servant à exprimer la plupart de
nos idées. En lisant l'histoire de nos provinces , nous n'aurions pas le regret d'ignorer complètement non-seule-
ment la signification , mais même le sens approximatif
des mots qui servent à désigner les villes et les villages
dont leur sol est couvert. La meilleure étude que l'on
puisse faire d'un peuple est celle de sa langue , parce que

cette étude est la mère de toutes les autres. L'histoire des anciens peuples de l'Egypte ne pourra nous être connue que le jour où leurs pensées nous seront révélées par la traduction des signes hiéroglyphiques dont sont couverts l'obélisque de Loucqsor et les autres monumens de l'antiquité Egyptienne (1). C'est dans ces hiéroglyphes qu'est toute la langue et l'histoire de ce peuple ancien.

La langue des Gaulois, sous la domination des Romains, était pauvre de mots et riche d'idées. Un mot chez eux était la complète expression d'une pensée, et cette pensée, aujourd'hui, nous ne pouvons plus la rendre que par l'emploi d'une phrase même assez longue. En voici un exemple pris au hasard.

Dans le langage des Gaulois, le mot sagesse signifie : savoir gouverner son esprit et ses sentimens ; et le mot vertu : repousser véritablement et toujours un vice, ou bien encore : vouloir en tout temps et véritablement repousser un vice.

Si l'on s'était appliqué de bonne heure à l'étude de notre langue primitive, langue dans laquelle se trouvent les vrais élémens de la langue française, notre Histoire ancienne serait loin d'être enveloppée d'autant d'obscurité, et le voile épais qui couvre encore l'origine de la plupart de nos cités comme de presque toutes nos institutions serait

---

(1) La langue Egyptienne avait des figures d'animaux qui étaient autant de symboles servant à couvrir leurs idées et leurs mystéres. On trouve encore plusieurs obélisques ou tombeaux chargés de caractéres et de figures hiéroglypbiques. Les mots de cette langue exprimaient la nature et les propriétés de chaque chose. C'est aussi, comme on le verra, ce que font les mots français.

déchiré depuis long-temps. Au lieu de se livrer à l'étude de cette langue mère , étude d'où serait résulté l'enseignement historique le plus précieux , c'est chez les auteurs grecs et latins que les historiens de tous les âges ont été puiser les principaux faits relatifs à notre antiquité. La route qu'ils ont ouverte et où ils se sont tant de fois et si facilement égarés , est encore aujourd'hui celle que suivent nos historiens modernes ; et telle est leur habitude enracinée, leur engouement à cet égard , qu'ils ne peuvent nous donner l'étymologie d'un mot, d'un nom de ville surtout, sans placer en regard le même mot latinisé ou transformé en grec ancien , comme pour nous indiquer que c'est dans ces langues étrangères que nous pouvons seulement en trouver l'origine et la signification. Une durée éternelle était promise à l'empire Romain , et cependant , si les anciens peuples du Latium reparaissaient au milieu de nous, ils trouveraient également et leur empire éteint, et leur langue bien morte, malgré les efforts qui ont été faits à diverses époques pour régénérer cette langue , la reproduire et la nationaliser parmi nous. Ce qui nous reste et nous restera toujours de la langue de ce grand peuple , peut être considéré comme le plus noble et le plus important débris de cet empire majestueux.

Lorsque César fit la conquête des Gaules, il y trouva une langue qui n'était pas la sienne, et qu'il ne comprenait pas. Dans la troisième partie de la Gaule , dit-il , se trouvent des peuples qui , dans leur langue , s'appellent Celtes , et dans la nôtre , Gaulois (1); mais la signification de ces mots Celtes et Gaulois lui était inconnue.

______

(1) La g. des Gaul. liv. 1er.

Quand il prit les villes de Rheims, Noyon, Amiens, etc. etc., il en informa le sénat Romain sans pouvoir lui désigner ces villes par leurs véritables noms ; noms qu'il traduisit dans sa langue comme il put, mais dont il ignorait complètement le sens. Il savait bien qu'à chacun de ces noms se rattachait une idée, un souvenir, comme Rome, par exemple, lui rappelait le nom de Romulus, son fondateur ; mais ne connaissant pas la signification des noms des villes dont il entretenait le sénat Romain, il chercha à donner à ces noms un sens de son choix et qu'il établit sur la vue des objets qui parurent fixer son attention d'une manière toute particulière.

Les peuples de Breteuil ou du Beauvoisis, par exemple, les Bellovaci, ne parurent avoir à ses yeux d'autre occupation que celle de la guerre ; ceux d'Amiens ou Ambiani, ne pouvaient encore, selon lui, être mieux désignés qu'en faisant allusion aux nombreux cours d'eau qui environnent et traversent en plusieurs sens cette ancienne ville de la Gaule-Belgique.

Il paraît donc évident, et nous en trouverons de nombreuses preuves par la suite, qu'à l'époque de l'invasion Romaine, les Gaulois avaient déjà une langue bien distincte, bien caractérisée ; et, quoique cette langue eût aussi une grande analogie avec celle des Latins, néanmoins elle était, comme nous l'apprend César lui-même, tout-à-fait inintelligible aux Romains. Il fallait à César auprès des Gaulois un interprète, ce qui n'eût pas été nécessaire, si la langue Gauloise eût été, comme on le croit généralement, un latin corrompu. Ce que savaient fort bien aussi les Romains, c'est que chaque peuple, dans la

Gaule , chaque gouvernement particulier avait déjà , comme de nos jours, son accent, son patois distinctif. Les habitans de la Gaule-Belgique , de la Gaule-Aquitaine et de la Gaule-Celtique , dit César, diffèrent entre eux par leur langage, leurs habitudes et leurs lois.

L'établissement du christianisme dans les Gaules , cet événement mémorable qui produisit une si grande révolution dans ses mœurs et ses lois, l'invasion des Francs et l'établissement de la monarchie Française ne changèrent rien au langage des Gaulois. La langue continua à se former , à se perfectionner , toujours d'après les mêmes principes et en observant les mêmes règles. Nous en donnerons par la suite des preuves tout-à-fait évidentes. Disons , quant à présent , que les mêmes principes qui ont présidé à la formation des mots Gaulois Bellenus ou Apollon, Taramis ou Jupiter , Minerve , Druides, Sarronides . Eubage, etc., etc., mots par lesquels les Gaulois désignaient leurs dieux et leurs prêtres, et dont la signification nous sera bientôt connue , que ces mêmes principes , disons-nous , se retrouvent encore dans les mots inconnus alors et consacrés plusieurs siècles après par le christianisme. Ainsi le seul mot dimanche , par exemple , nous en fournira la preuve. Ce mot dimanche que l'on fait dériver aujourd'hui et par erreur des mots latins *dies Domini*, le jour du Seigneur, n'a point cette signification-là. Les érudits chrétiens qui le formèrent dans les premiers temps du christianisme ou vers l'époque de l'établissement des Francs dans les Gaules, le construisirent de même que tous leurs autres mots, non de syllabes ou mots latins, comme on le croit

généralement, mais bien de mots d'origine tout-à-fait
Gauloise ; et ces mots Gaulois étaient encore à cette époque les seuls qui entrassent dans la langue et fussent usités
dans les Gaules. Le mot dimanche ne dérive pas, comme
nous l'avons dit, des mots latins *dies Domini*, jour du
Seigneur ; mais sa signification véritable est la suivante
que nous ferons mieux connaître en expliquant la formation des mots : Dieu, notre maître céleste, est honoré
comme il convient en ce jour.

Nous sommes peut-être aujourd'hui, nous Français, qui marchons à la tête de la civilisation, des
sciences et des arts, nous sommes peut-être le peuple le
plus ignorant en tout ce qui regarde l'origine de notre
langue et la signification des mots que nous employons
chaque jour.

Les Bédouins, les Arabes connaissent la valeur des
mots qu'ils emploient, de ceux au moins qui servent à désigner leurs villes et leurs villages. Quand les troupes
Françaises sont entrées triomphalement dans la ville de
Bou-Saïda, chacun de nos soldats a pu apprendre à l'instant même que ce mot Bou-Saïda, qui résonne si singu-
lièrement à son oreille, que ce mot veut dire : le père du
bonheur.

Le chef du Céleste-Empire lui-même, l'empereur de la
Chine, que nous considérons encore comme plongé dans
l'ignorance et la barbarie des premiers âges, l'empereur
de la Chine sait peut-être mieux que notre ambassadeur et
son secrétaire, ce que veulent dire les noms que portent
ces honorables représentans de la France : Lagrené et
Laferrière. A peine ces messieurs avaient-ils courbé

la tête devant ce chef du Céleste-Empire, que déjà, par ses ordres, leurs noms étaient soumis à une espèce d'analyse Chinoise, afin d'en extraire une signification quelconque. La bienséance, la politesse Chinoise ont exigé sans doute que chacun de ces messieurs fût coupé nominalement en trois parties distinctes : La-go-ni, Fe-li-le, afin de trouver dans chacun des membres de leurs noms au moins une syllabe expressive, laquelle pût devenir le texte de quelques paroles flatteuses, de quelques complimens ; car tel est l'esprit des Chinois, semblable en cela à celui de nos ancêtres les Gaulois et les Francs, ils ne sauraient concevoir des noms d'homme sans aucune espèce de signification.

Dans les premiers temps de la monarchie française, les prêtres du christianisme furent les seuls dépositaires des sciences et des traditions historiques, comme l'avaient été, dans les siècles antérieurs, les Druides ou prêtres des Gaulois. Ce n'est donc que dans les abbayes et les monastères que les premiers historiens Français ont pu rechercher et découvrir quelques documens relatifs à notre primitive histoire : mais, comme il est facile de le penser, c'est bien plutôt à consigner dans leurs pages tout ce qui se rapportait au christianisme ou à la fondation des monastères et abbayes que se sont attachés les religieux d'alors, qu'à recueillir des matériaux pour l'histoire, qu'à noter ce qui était de nature à nous éclairer sur l'origine de nos premiers établissemens, et à répandre quelques lumières sur nos premières institutions civiles et militaires. Quoique les premiers prêtres Chrétiens se fussent considérés dans l'empire du monde comme les successeurs des Romains dont ils avaient abattu les idoles et partagé en partie l'autorité, quoiqu'ils eussent même adopté leur langue qu'ils ont conservée jusqu'à ce jour, puisque tous les offices se célèbrent encore en latin, néanmoins nous ne voyons pas que, sous leur influence, le principe de la formation des mots ait subi le moindre changement, et que ces premiers prêtres chrétiens se soient le moins du monde affranchis des règles prescrites, avant eux, par les Gaulois ou les premiers Francs. Dans les mots à leur usage et consacrés par eux, tels que église, chanoine, etc. etc., c'est encore en les décomposant, comme nous le faisons pour les mots Gaulois, et non par le secours du latin, qu'il nous sera possible de retrouver très-exactement les idées qu'ils ont eu la volonté d'exprimer. Ainsi, église veut dire : liberté, égalité sont en elle. Le mot latin *ecclesia* n'a pas, comme on le voit, le moindre rapport avec le même mot français.

Le mot chanoine dont on a cherché en vain aussi, depuis des siècles, l'étymologie et la signification, veut dire : ils chantent et nous instruisent. Si nous poussons notre examen jusque dans des siècles bien plus rapprochés de nous, si nous arrivons, par exemple, jusqu'à l'établissement des communes dans le XIIe. siècle, nous trouverons un mot dont l'origine date de cette époque, nous trouverons que le mot échevins, qui est remplacé aujourd'hui par celui de conseillers municipaux, a été entièrement composé d'élémens purement français, toujours d'après les mêmes principes, et que son étymologie conséquemment est tout-à-fait française. Ce mot échevins signifie : nous sommes élus chefs en cette ville , et si l'on écrit échevin au singulier , il signifie : il est élu chef en notre ville. Nous pourrions conduire ainsi le lecteur jusque vers la fin du XVIIe. siècle, vers l'époque du règne du grand Roi , où l'on voit la culture des sciences et des arts sortir d'une longue léthargie. L'étude des sciences en général prend alors un nouvel essor , à l'exception cependant de celle de l'histoire et de l'étymologie des mots de notre langue qui paraît au contraire s'arrêter tout-à-fait.

Si des mots nouveaux sont encore formés , ils ne paraissent plus l'être d'élémens purement français , et d'après l'ancienne méthode , mais bien d'un mélange barbare de grec , de latin et de français. C'est surtout pour les sciences et les arts , et particulièrement la médecine , que cette monstruosité en fait de mots est enfantée. Notre intention n'est pas de nous arrêter ici à l'examen d'aucun d'eux , d'en rechercher l'étymologie , par cette raison que nous les considérons comme tout-à-fait étrangers à la langue Française. En dehors de la science ou de la spécialité pour laquelle ces mots ont été formés , ils sont inintelligibles et n'appartiennent plus à notre langue. Ceux dont nous recherchons l'étymologie sont au contraire les] plus répandus , les plus usités parmi nous. Nous ferons de même à l'égard des noms de villes , de fleuves et de rivières ; nous ne citerons que ceux dont nous parle César , parce que ce n'est qu'au moyen de son propre récit qu'il nous sera possible d'établir rigoureusement nos étymologies qui ne prouvent leur vérité , leur justesse , qu'en s'accordant avec ce récit , qu'en le con-

firmant même souvent. Mais nous devons le dire ici :
nous ne nous dissimulons pas les nombreuses difficultés
qui nous attendent dans cette entreprise; nous n'ignorons pas combien il est facile de s'égarer en parcourant
un sentier nouveau et inconnu. Toutefois le désir si naturel à tout homme de connaître les premiers âges du
pays qu'il habite, de la cité où il a reçu le jour; le désir
de déchirer un coin du voile épais qui nous dérobe encore
à tous la connaissance de notre origne et de notre propre
histoire, nous a décidé à entreprendre cette tâche certainement bien au-dessus de nos forces. Encouragé néanmoins
par un succès certain, fruit de la persévérance de nos efforts, convaincu d'avoir fait une découverte des plus
précieuses, celle de la véritable étymologie des mots de
notre langue, nous avons l'assurance que notre travail ne
sera pas sans utilité et que beaucoup d'autres plus habiles
que nous, sachant profiter de cette découverte, nous sui-
vront avec beaucoup plus de profit pour la science de l'Histoire ancienne, dans cette voie nouvelle où nous n'hési-
tons pas aujourd'hui à porter les premiers pas.

Voici en peu de mots la marche que nous nous proposons de suivre en cherchant à abréger notre travail autant
que possible :

Nous nous emparerons d'abord des noms donnés par
les Gaulois à leurs dieux, à leurs souverains ou chefs
d'armée, des noms qu'ils donnèrent à leurs peuples, à
leurs villes et à leurs rivières, particulièrement dans la
Gaule-Belgique, et nous chercherons à étudier l'esprit
qui a présidé à la formation de chacun de ces mots et à
découvrir ensuite la signification véritable qu'ils présentent.

Ces mots , ces noms, nous les prendrons tels que César nous les a transmis dans ses commentaires. Nous les traduirons dans notre langue , et de l'examen que nous en ferons , résultera pour nous la preuve de la fidélité dans le récit , et de la vérité de chacune des assertions de ce grand historien conquérant , en tout ce qui concerne les anciens peuples de la Gaule. Si, par le moyen de la connaissance de l'étymologie des mots Gaulois traduits par César dans sa propre langue , nous retrouvons la plus grande partie des peuples de la Gaule-Belgique dont il nous parle d'une manière si intéressante , un autre fait non moins curieux pour nous ressortira aussi de cette révélation , ou de la découverte de la véritable étymologie de notre langue. Ce fait curieux se trouve dans l'existence des mots Gaulois , lesquels renferment des phrases construites en style moderne et parfaitement correct. Chose étonnante , pour composer des mots tels que ceux en usage dans les Gaules au temps des Romains, il fallait de toute nécessité que la langue actuelle fût déjà arrivée à un degré de perfection qu'elle a perdu depuis. Ce qui le prouve encore, c'est que, sous le rapport de leur composition , un grand nombre de noms de villes et villages des moins anciens offrent moins de perfection que ceux des Gaulois.

L'étude que nous nous proposons de faire ici est donc celle de tous les mots de notre langue indistinctement. Parmi ces mots il s'en trouve un grand nombre qui nous sont tout-à-fait inconnus, et semblent appartenir à une langue morte et étrangère dont il ne nous paraît plus possible aujourd'hui de retrouver aucune trace. Ces mots ont été donnés aux villes et villages dont est couvert le sol de la France, et servent à les désigner. Ils sont autant de noms servant à distinguer les peuples primitifs et séparés qui les établirent afin de s'y fixer. Tous ces noms de villes, de fleuves et rivières, ont été composés de la même manière, d'après les mêmes principes que tous les autres mots de notre langue, seulement leur étude nous présentera beaucoup plus de difficultés. Nous n'avons pas, pour reconnaître l'étymologie de ces mots, un guide aussi certain que celui que nous offrent indistinctement tous les mots usités de notre langue. La raison en est facile à donner. Si nous ignorons l'étymologie, la signification primitive et véritable des mots de la langue, nous en connaissons au moins parfaitement le sens. La connaissance de ce sens nous suffit pour nous guider avec certitude dans la recherche de leur étymologie et pour nous convaincre ou de la vérité, ou de l'erreur qui en est la suite ; mais il n'en est pas de même des noms de villes.

Ici nous errons au hasard, nous n'avons pas pour nous guider le sens des mots, puisque ce sens nous est tout-à-fait inconnu, et c'est ce qui nous faisait dire, il n'y a qu'un instant, que les écrits de César étaient notre seul guide pour connaître la signification des noms des peuples dont il nous transmet l'histoire. Nous avons dit, dans les premières pages de cet article, que le mot Sagesse avait été formé pour exprimer cette phrase : savoir gouverner son esprit et ses sentimens. Le sens que nous attachons à ce mot nous est un guide certain et nous prouve que telle est véritablement son étymologie ou sa signification primitive. En effet, que veut dire pour nous le mot sagesse?

Quel sens présente-t-il à notre esprit? Sagesse signifie : connaissance du cœur humain, des personnes et des choses; philosophie, circonspection, prudence, modération; vie réglée, exempte des faiblesses humaines, modestie, pudeur, chasteté. Eh bien! toutes ces qualités morales se résument, se renferment dans cette expression unique: sagesse; ou autrement: savoir gouverner son esprit et ses sentimens.

Nous commençons donc ici une histoire beaucoup plus ancienne que toutes celles qui ont paru jusqu'à ce jour, et nous l'établissons sur un plan tout-à-fait nouveau et inconnu jusqu'alors. Nous faisons en même temps l'histoire des mots les plus anciens dont l'origine se perd, pour la plupart, dans la nuit des temps, et celle des premiers peuples qui habitèrent les Gaules ou la France d'aujourd'hui.

On n'a pu se livrer jusqu'alors sur notre histoire ancienne, à défaut de faits connus, qu'à une infinité de conjectures plus ou moins hasardées, plus ou moins éloignées de la vérité. En suivant la marche que nous avons adoptée, il n'en saurait être ainsi; chaque fait qui nous sera révélé, quoique appartenant aux temps les plus anciens, aux temps de notre primitive histoire, nous apparaît brillant de vérité et pur de toute hypothèse, de toute conjecture qui pourrait en ternir l'éclat. Les premières histoires de France n'étaient seulement que celles des rois, elles n'étaient faites que pour leur servir d'enseignement ou satisfaire à la vanité. Celles d'aujourd'hui, au contraire, s'adressent plus particulièrement aux peuples qui comptent aussi, dans la balance du monde, pour quelque chose. Outre qu'elles sont destinées à les éclairer sur leur origine, leurs mœurs, leurs révolutions, elles doivent aussi parler en même temps à leur cœur et à leur raison, et chercher à les édifier et à les instruire.

DES GAULOIS,

DE LEUR ORIGINE, DE LEURS INSTITUTIONS

et de leurs Mœurs.

La France d'aujourd'hui était occupée autrefois par des peuples du nom de Gaulois ou Celtes. L'origine de ces peuples, l'étymologie ou la signification des noms sous lesquels on les désigne, est encore aujourd'hui un mystère pour nous. Les Gaulois, d'après Diodore de Sicile, ont emprunté leur nom de Galathis, fils d'Hercule ; les Celtes, selon Ammien Marcellin, du nom d'un de leurs rois, et celui de Gaulois, du nom de la mère de ce prince. Saint Jérome et Isidore ont écrit que ce nom de Gaulois leur vient du mot grec γάλα, lait, mot qui fait allusion à la blancheur qu'offrait leur peau. Toutes ces hypothèses ont peu de fondement. Ce qui nous paraît aujourd'hui vraisemblable et à peu près certain, c'est que ce nom de Gaulois qui fut donné aux Celtes par les Romains, comme nous l'apprend César (1), leur vient du mot latin *gallus*, coq, par l'analogie qu'ils ont

______

(1) Tertiam qui ipsorum linguâ Celtæ, nostrâ Galli appellantur (Cæsaris Com., lib. pr.)

trouvée, sous le rapport du courage (1) et de la gaîté, entre ce volatile et le caractère des anciens peuples de la Gaule. Ce qui nous confirme encore dans cette opinion, c'est que le mot coq, en Gaulois ou en Français, veut dire : qui combat courageusement. Un des plus anciens historiens de la Grèce, Hérodote, donne indifféremment le nom de Celtes aux peuples de l'Allemagne et des Gaules. D'autres auteurs anciens, Polybe, Plutarque, Strabon, etc., faisant de ce nom un emploi moins général, ne l'appliquent seulement qu'aux peuples originaires des Gaules. Quant à ceux qui le donnent aussi aux Espagnols, ils observent, et leur opinion en cela est fondée, que c'est de l'alliance des Celtes et des Ibériens qu'est sorti ce nom de Celtibériens donné à une partie des anciens peuples de l'Espagne (2).

L'étude de l'étymologie du mot Celtes nous a conduit à la découverte de ce fait si important pour l'histoire, que les premiers d'entre les anciens peuples de la Gaule qui se livrèrent à la culture des terres, prirent le nom de Celtes, mot qui signifie, comme nous le démontrerons clairement par la suite : ceux-là cultivent et ensemencent les terres ; et de ce mot Celte a été fait l'adjectif celtique, lequel aussi signifie : indiquant ceux-là qui cultivent et ensemencent les terres. Qui a donné à ces peuples le nom de Celtes ? ils le prirent d'eux-mêmes, sans doute, si nous en jugeons par le passage des commentaires cité plus haut. Quoiqu'il en soit, cet empire

(1) Voir, pour la signification des mots Celte et Gaulois, page ......
(2) Lucain. liv. 4. Phars. Martial. livre 4. épigr. 55.

des Celtes fut célèbre sous le règne d'Ambigat, prince des Berruyers (hab. du Berri), qui régnait au temps où Tarquin l'ancien commandait à Rome vers l'an 164 et 591 ans avant J.-C.

Tite-Live nous apprend que deux des neveux de ce chef Gaulois se signalèrent au moyen des célèbres colonies des Berruyers, Auvergnats, Autunois, Senonois, Chartrains et autres peuples voisins qu'ils conduisirent, savoir : Ségovèse, dans l'Allemagne, et Bellovèse, dans l'Italie. Nous venons de prononcer deux noms trop connus dans l'Histoire des Gaulois pour ne pas, à l'instant même, en faire connaître la signification. Nous avons dit que l'Histoire ancienne et encore inconnue se trouvait renfermée dans les mots, et que l'étude seule de ces mots pouvait nous la révéler ; les noms de Ségovèse et Bellovèse en sont déjà un exemple. Ces noms nous en disent plus peut-être que tout ce que l'on a écrit jusqu'à ce jour sur ces deux célèbres Gaulois. En voici la signification : Ségovèse, en sa vie ordinaire et en sa valeur guerrière, sont ses vertus et sa sagesse ; Bellovèse, en sa vie belle, longue, et en sa valeur, sont ses vertus. Ce fut depuis cette époque où les Gaulois, sous la conduite de leur chef Bellovèse, se furent rendus maîtres d'une partie des Etats-Romains, que la Gaule, pour la première fois, fut divisée en Cisalpine, Italique ou Citérieure, c'est-à-dire, voisine de Rome ; et en Transalpine ou Ultérieure, qui signifia : Gaule éloignée de la ville de Rome, ou bien encore la Gaule proprement dite. Ce grand pays qui s'étendait depuis le Rhin jusqu'au Rubicon (Pisatello), fut aussi partagé en trois provinces, dont deux prirent leur nom de l'habillement des peuples qui l'habitaient.

Ainsi l'une fut appelée Togata (la Gaule Cisalpine), parce que ses habitans se vêtissaient de longues robes, à la façon des Romains. L'autre, la province Narbonaise, ou simplement la province Romaine, fut appelée Braccata, par allusion à une espèce de haut-de-chausse ou vêtement court dont se couvraient ses habitans depuis la ceinture jusqu'aux genoux. La troisième province reçut le nom de Comata, chevelue, parce que les peuples qui l'habitaient se faisaient remarquer par la longueur de leurs cheveux.

César, en faisant la conquête des Gaules, la divisa aussi en trois parties : la Belgique, la Celtique et l'Aquitaine.

La Marne et la Seine, nous dit-il, séparent les Belges des Celtes ; et la Garonne établit une ligne de démarcation entre la Gaule-Aquitaine et la Gaule-Celtique.

La Gaule fut encore, par la suite, partagée par Auguste en quatre parties distinctes, puis par la succession des temps, et sous divers empereurs Romains, en dix-sept provinces ; mais la division la mieux connue aujourd'hui étant celle établie par Jules César, nous nous conformerons à l'usage général, en ne parlant que de cette dernière. Nous le ferons avec d'autant plus de raison que César est le premier et le meilleur historien des Gaules, et que dans l'Histoire particulière que nous allons faire de l'origine des peuples de la Gaule-Belgique, les écrits de cet historien, célèbre à plusieurs titres, nous seront sans cesse d'une nécessité indispensable et formeront toujours la base principale de notre travail.

Les peuples de la Gaule-Belgique, dit César, sont les plus vaillans des Gaulois, parce qu'ils sont très-éloignés du luxe et de la mollesse qui règnent dans les provinces Romaines, et que les marchands étrangers n'allant pas souvent chez eux, ne leur portent pas ce qui contribue à amollir le courage. D'ailleurs, voisins des Allemands qui habitent au-delà du Rhin, ils sont continuellement en guerre avec ces derniers, ce qui entretient chez eux des habitudes guerrières. Ce fut en considération de leur valeur remarquable dans la guerre, et de leur goût particulier pour le métier des armes, qu'ils reçurent le surnom honorable de Gaulois Belges ; car ces noms de Belge et Belgique signifient : Belges, gens belliqueux ; Belgique : indique ou indiquant là quelques gens belliqueux, ou encore : qui indique là quelques individus guerriers et belliqueux.

Les Gaulois montrèrent dans tous les temps une inclination très-prononcée pour la guerre ; et tous les anciens historiens qui en ont parlé, s'accordent à louer leur courage et leur bravoure. Cicéron nous apprend que les Romains les redoutaient plus qu'aucune de toutes les autres nations de la terre ; et à cela, Salluste ajoute encore qu'avec eux il fallait bien moins disputer de la gloire que de la vie. C'est pour cette raison que, parmi les anciens Romains, il était ordonné que toutes les fois qu'il s'agirait de faire la guerre aux Gaulois, les prêtres mêmes ne seraient pas exempts du service militaire, et qu'ils seraient tenus aussi bien que les autres de payer de leurs propres personnes. Tous les hommes en état de porter les armes chez les Gaulois, de quelqu'âge qu'ils fussent, prenaient forcément une part active à la guerre, et les enfans eux-mêmes ne paraissaient en public, devant leurs pères, qu'autant qu'ils étaient en âge de prendre les armes et de supporter les fatigues et les périls d'une vie aventureuse et guerrière. Le service militaire, chez les Gaulois, était obligatoire pour tous les hommes indistinctement. Les Druides ou prêtres-instituteurs en étaient seuls dispensés, et telle était chez eux la rigueur de la discipline, que le dernier qui arrivait au rendez-vous assigné pour une expédition guerrière, était puni de mort. Jamais on ne vit des Gaulois, dit Ammien Marcellin, se mutiler pour s'exempter du service militaire, comme le faisaient souvent les Romains, qui se coupaient le pouce ou cherchaient par quelqu'autre artifice à se mettre hors d'état de porter les armes. Il y avait deux sortes de soldats dans les armées des Gaulois ; les uns qu'on appelait Gésates du nom de l'arme qu'ils portaient ; et les autres solduriers, par allusion à leur genre de service (1). Les premiers étaient des salariés, la plupart étrangers au pays et servaient comme font encore à peu près les Suisses de nos jours. Les solduriers, au contraire, étaient de braves soldats, originaires du pays, qui s'attachaient à la vie à la mort au service des grands pour prendre part à leur bonne ou mauvaise fortune. Lorsque ces grands, ce qui arrivait

---

(1) *Gœsates* du mot *gœsum* (Var. Cas.), sorte d'arme à hampe toute de fer, à l'usage des anciens Gaulois, et solduriers, de *soldurii*, le même mot que *devoti* dans César, gens dévoués au service d'un grand ou d'un maître.

souvent, trouvaient la mort dans les combats, les solduriers cherchaient à mourir avec eux dans la même bataille, ou se tuaient après la défaite ou la victoire.

Il y avait encore dans les Gaules un grand nombre
d'archers, sorte d'armée de réserve, lesquels se tenaient
toujours prêts à marcher au besoin et au premier ordre.
Quant à la cavalerie des Gaulois, à celle particulièrement des peuples de la Gaule-Belgique, elle était ou nulle
ou d'une bien faible importance; ils ne savaient pas s'en
servir, elle leur paraissait inutile. C'est particulièrement dans leur infanterie que les Gaulois mirent en tout
temps leur force et leur confiance. Cet intrépide Gaulois
était un fantassin, qui, en l'an de Rome 404, défia le plus
brave de l'armée Romaine et trouva la mort dans le combat
singulier qu'il soutint contre Manlius Torquatus.

L'usage adopté par plusieurs chefs Gaulois, lorsqu'ils
entraient en campagne, était de se faire accompagner et
suivre partout de deux cavaliers armés. Ces cavaliers
suivaient leur maître et chef, lui portaient secours dans
toutes les circonstances possibles, et lui fournissaient un
cheval toutes les fois qu'il en avait besoin, surtout dans
les combats, lorsque le sien était tué ou blessé. Cet ordre
militaire s'appelait Trimarkisie ou Trimarchisie, ou,
en d'autres termes, ordonnance des trois (1). Les chevaux
légers ne portaient que le casque et la cuirasse; au lieu

---

(1) Le mot Trimarkisie ou Trimarchisie ne vient pas du grec comme
on l'a dit; il signifie : ils sont trois intrépides soldats instruits à marcher
ensemble et armés.

que les autres , nommés Cataphractaires , ou Clibanaires , (1) étaient cuirassés partout de la tête aux pieds.

Les soldats Gaulois étaient les plus belliqueux du monde , mais la manière dont ils étaient armés leur était désavantageuse dans toutes les circonstances possibles ; ils portaient des épées longues , pesantes et sans pointe , et l'acier en était de si mauvaise trempe que le tranchant s'émoussait au premier choc ; mais telle était leur confiance dans leur valeur et leur courage , que bien souvent pour se préparer au combat , ils se débarrassaient de tous leurs vêtemens et ne conservaient seulement qu'une ceinture. Cette manière de combattre sans armes et tout nus étonnait leurs ennemis eux-mêmes et leur donnait l'idée la plus haute de la bravoure Gauloise. Le peu de cavalerie qu'ils possédaient était armée de lances et de haches ; l'infanterie, de javelots, de piques ou hasts, d'arcs et de frondes. Certains Gaulois, et c'étaient les plus notables , combattaient sur des chariots (2) dont les essieux étaient garnis de faulx par les bouts , et ces chariots étaient ti- rés tantôt par deux , tantôt par quatre chevaux. Leur ma- nière de combattre ainsi en voiture était de courir en tout sens en cherchant à rompre les rangs de leurs enne-

---

(1) Cataphractaires est formé , dit-on, du mot grec Καταφρακτος, qui signifie armé de toutes pièces, et Clibanaires du grec Κλιβαυος, armure, cuirasse couvrant tout le corps et faite de pièces creuses et voûtées en forme de four que les grecs nomment Κλιβαυος. Nous ne croirons vérita- blement à cette étymologie grecque, qu'après avoir étudié particulière- ment ces deux mots. L'analogie n'est pour nous qu'un leurre.

(2) Chariot ou chariots signifie : ils transportent ordinairement tous chefs armés.

mis , et tout aussitôt qu'ils y parvenaient , ils faisaient
pleuvoir sur eux une grêle de traits ou de javelots qu'ils
lançaient du haut de leurs chariots avec beaucoup de vi-
gueur et de vitesse. De temps en temps ils mettaient pied à
terre pour se servir de leurs longues épées et ils croyaient
trouver dans cette manière de combattre les avantages réu-
nis de la cavalerie et de l'infanterie. Il leur semblait pouvoir
joindre ainsi la force et la fermeté de l'infanterie à la vitesse de la cavalerie.

Lorsque l'armée se trouvait rangée en bataille , chaque
soldat était pourvu d'une botte de paille ou d'une fascine
sur laquelle il se reposait en attendant l'action. Lorsqu'il
se trouvait au bivouac , cette même fascine lui servait de
tente ou de lit de repos. Les anciens Gaulois ignoraient
complètement l'art de se retrancher dans les camps , et ce
ne fut qu'après la perte qu'ils firent de la ville appelée
par César *Avaricum* , qu'ils essayèrent , pour la première
fois , d'établir des retranchemens : ils s'étaient convain-
cus alors des avantages qu'offraient ces retranchemens
aux Romains , et dès ce jour , ils observèrent attentive-
ment leurs artifices et leurs manières de combattre. Ils
étudièrent si bien leurs moyens d'attaque et de défense ,
qu'ils purent bientôt les imiter avec une habileté qui
étonnait les Romains eux-mêmes. La nation Gauloise ,
dit J. César , est très-industrieuse , et sait imiter avec
une adresse merveilleuse tout ce qu'elle voit faire (1). Complètement ignorans dans cet art de la guerre qui consiste

----

(1) Ut est summæ genus solertiæ, atque ad omnia imitanda atque ef-
ficienda, quæ ab quoque traduntur aptissimum. Com. lib. vij.

à combattre et à surprendre son ennemi par la ruse, ignorant tout-à-fait cette partie de la science militaire qu'on
appelle de nos jours la stratégie, les Gaulois ne mon-
traient de l'habileté que dans la promptitude avec laquelle
ils détruisaient les ouvrages de leurs ennemis. Cette promptitude, dans leurs travaux et leurs entreprises, était
connue de leurs ennemis qui la considéraient souvent
comme de la légèreté de caractère. Ils étaient ingé-
nieux, dit César, et ils (1) savaient détourner l'effet
des faulx dont nous nous servions en les faisant tom-
ber dans leurs lacets; et quand, par ce moyen, ils les
tenaient accrochées, ils les tiraient à eux à l'aide de
leurs machines; ils ruinaient aussi nos terrasses, en les
minant par-dessous; et cette manœuvre leur était d'autant plus facile, que dans leur pays se trouvent de grandes
mines de fer, et qu'ils sont dans l'usage d'y creuser la
terre et d'y pratiquer des souterrains. Ils garnissaient
leurs murailles de tours couvertes de cuir (2). Nuit et
jour ils faisaient des sorties et brûlaient nos ouvrages, ou
tombaient sur nos travailleurs. A mesure qu'en élevant
nos terrasses, nous élevions nos tours, ils élevaient les
leurs en proportion, au moyen des mâts qui y étaient
attachés, et sur lesquels ils élevaient de nouvelles gale-
ries. Si nous ouvrions une mine, ils l'éventaient, la

---

(1) Cœs. Com. Livre vii.

(2) L'usage de couvrir de cuir les tours et les murailles n'était pas
encore perdu vers le XVe. siècle. Au rapport de Philippe de Comines,
les murailles de Nesle en étaient couvertes, lorsque le duc de Bourgogne,
alors comte de Charolais, en fit le premier siège, en 1465.

remplissaient de pieux pointus et durcis au feu, de poix bouillante et enflammée, et de grosses masses de pierre; par là ils arrêtaient les mineurs, et les empêchaient d'approcher des murs.

Lorsque les Romains envahirent la Gaule pour la conquérir, les peuples qui l'habitèrent n'étaient pas des barbares, comme le dit César, et la plupart des historiens après lui. Seulement, ils étaient encore éloignés du degré de civilisation et surtout d'instruction où étaient arrivés les Romains. S'ils eussent été un peuple de barbares, leurs mœurs eussent été moins austères, et nous n'aurions pas la preuve, comme nous la trouvons dans les mots Segovèse et Bellovèse, que long-temps auparavant, ils portaient déjà dans le cœur le noble sentiment de la sagesse et de la vertu. Les grands traits d'héroïsme étaient tout aussi communs chez les Gaulois que chez les Grecs et les Romains, mais ils restaient ensevelis dans l'oubli. Tous faits remarquables, toutes actions éclatantes étaient, chez ces derniers, recueillis et enregistrés avec le plus grand soin. La renommée aux cent voix ne tardait pas à les publier, et bientôt ils recevaient les honneurs destinés chez eux à toutes les célébrités. Mais, chez les Gaulois, il n'en était pas de même. Les plus hauts traits de vertu, les actions considérées comme sublimes et dignes de l'immortalité chez les Grecs et les Romains, n'obtenaient d'autre récompense que la jouissance du cœur, que la satisfaction que donne l'accomplissement d'un pieux devoir à toute âme noble et élevée. Ce n'étaient pas les traits d'héroïsme qui étaient rares chez les Gaulois, mais bien les historiens. Il s'en présenta, chez les Grecs, trois cents en un seul jour pour décrire une bataille , et les Gaulois n'en trouvèrent jamais un seul.

Si l'amour de la patrie avec celui de la gloire enfantait l'héroïsme chez les Romains , c'était dans l'amour de la liberté , de la famille et du pays , joint à un sentiment inné de courage et de bravoure , que les Gaulois seulement puisaient leurs inspirations. Lorsque l'Histoire Romaine nous présente Curtius , par amour pour sa patrie , se précipitant tout armé dans un gouffre afin d'apaiser la colère des dieux , nous , les descendans de ces fiers et valeureux Gaulois , ne pouvons-nous pas aussi , en regard de ce trait d'héroïsme , en placer un autre non moins sublime et tiré de l'Histoire même de ces Gaulois.Celui-là , au moins , ne saurait être soupçonné de nous venir de source suspecte ; il nous est raconté par César lui-même , par le plus redoutable ennemi des Gaulois , par ce conquérant célèbre , qui , tout en combattant ces intrépides guerriers , savait admirer leurs vertus héroïques et leur rendre la justice qu'ils méritaient. J'ai vu , dit César , j'ai vu un Gaulois sortir d'une ville assiégée et venir se placer vis-à-vis d'une de nos tours, lancer sur elle et dans nos feux des boules faites d'un mélange de suif et de poix. Ces boules lui arrivaient transmises continuellement de main en main. Un coup de trait lancé par une de nos machines le traverse de part en part , et le tue. Un de ses voisins passant aussitôt par-dessus son corps le remplace dans ce poste périlleux et périt comme lui. Un troisième bientôt lui succède et a encore le même sort ; puis enfin un quatrième : en un mot , cette place ne fut vide de combattans que lorsque le feu mis par eux à la terrasse fut éteint , et que tous les Gaulois eurent été refoulés dans la ville , ce qui mit forcément un terme à ce combat (1).

C'est particulièrement lorsqu'ils faisaient le siége d'une place que les Gaulois lançaient d'une main vigoureuse ces espèces de boulets incendiaires , ces javelots flambans avec lesquels ils mettaient le feu partout. Avant d'attaquer une place , ils l'enveloppaient de toutes leurs troupes , et après avoir fait une ou plusieurs décharges de leurs traits afin de repousser les ennemis couronnant les remparts , ils s'en approchaient couverts de leurs boucliers, et livraient aussitôt l'assaut. Ils dirigeaient leurs coups principaux contre les chefs, et dans la bataille, c'était toujours pour eux un grand bonheur de pouvoir tuer des ennemis de distinction. La tête de ces ennemis devenait alors à leurs yeux le trophée le plus glorieux. Ils la conservaient précieusement, cette tête ; ils l'attachaient à la crinière de leurs chevaux , ou la portaient triomphalement au bout de leurs piques. Lorsque c'était celle d'un des plus grands capitaines et seigneurs de l'armée ennemie , ils l'embaûmaient et la conservaient avec le plus grand soin pour la faire voir aux étrangers ; et ils refusaient toujours de la leur rendre, quelle que fût d'ailleurs la rançon qu'on leur

---

(1) Quidam ante portam oppidi Gallus , qui per manus sevi ac picis transditas glebas in ignem é regione turris projiciebat , scorpione ab latere dextro transjectus , exanimatusque concidit. Hunc ex proximis unus jacentem transgressus , eodem illo munere fungebatur : eâdem ratione ictu scorpionis examinato altero , successit tertius , et tertio quartus ; nec ille prius est à propugnatoribus vacuus relictus locus , quàm restincto aggere , atque omni parte submotis hostibus , finis est pugnandi factus (Com. Liv. vii).

en offrit. Quelquefois ils la garnissaient d'or, et se servaient du crâne, après l'avoir dépouillé et orné convenablement, comme d'un vase sacré destiné à l'usage des sacrifices.

Les gens de guerre, et c'était le plus grand nombre, juraient sur les étendards; et ce serment était fait avec la plus grande solennité et en présence de toute l'armée rangée en bataille. Ils étaient aussi dans l'usage, en signe de paix et d'alliance, d'élever le bras droit nu et le plus haut qu'ils pouvaient. Les Hedües (ou peuples de l'ancienne Lyonnaise première, aujourd'hui d'Autun), le firent au siége de Gergovie, et dans un temps où les Romains avaient d'eux la plus grande défiance (1).

Nous venons de voir quels étaient les usages des Gaulois dans la guerre. La guerre chez eux était généralement considérée comme la plus noble des professions; ils en faisaient partout leur métier favori et de prédilection; mais pour les peuples de la Gaule-Belgique exceptionnellement, la profession des armes était la seule qu'ils pratiquassent, elle était leur unique occupation. Pour ceux-ci le goût des armes ne résultait pas seulement de leur caractère, mais bien encore de leur position; ils étaient forcés de combattre sans cesse pour défendre leur existence et sauver leur pays de la conquête. Nous avons vu ce qu'étaient les Gaulois dans la guerre, considérons-les maintenant, le plus brièvement qu'il nous sera possible, dans la vie civile, dans la vie privée et de famille, dans le for intérieur. Ce point de

____

(1) Moréri. Dict. Hist. Art. Gaul.

leur histoire est encore de nature à exciter notre intérêt au plus haut degré, et piquer vivement notre curiosité. Les Gaulois étaient extrêmement hardis, entreprenans, prompts en toutes choses et surtout à prendre les armes; mais on les accusait déjà alors, comme on l'a souvent fait depuis des Français, de perdre cœur au premier désavantage, et de manquer de force et de résolution dans l'adversité. Ils étaient d'une franchise et d'une générosité extrêmes; jamais ils ne pouvaient souffrir le mensonge ni la supercherie. Divicon, l'un de leurs principaux chefs, disait un jour à César que les Gaulois avaient appris de leurs ancêtres à mépriser la ruse et l'artifice et à ne se fier qu'à leur valeur (1). Plutarque dit qu'ils étaient d'une telle intrépidité qu'ils ne redoutaient rien, pas même les tremblemens de terre; et Strabon nous rapporte qu'un d'eux répondit un jour à Alexandre-le-Grand qui lui demandait quelle était la crainte des Gaulois, ce qu'ils redoutaient le plus : Rien ici-bas, dit celui-ci; rien! sinon que le ciel ne tombe sur eux (2). Au rapport d'Elien (3), la chûte de leurs plus beaux édifices ne les ébranlait pas; ils les voyaient crouler avec le plus grand sang-froid et sans témoigner le moindre regret et la moindre surprise; ils étaient d'une impétuosité étonnante et jamais on ne parvenait, même en leur opposant en même temps le fer et le feu, soit à les faire reculer,

---

(1) Si ità à patribus majoribusque suis didicisse, ut magis virtute quàm dolo contenderent, aut insidiis niterentur. Com., liv. 1er.

(2) Géographie.

(3) Histoire grecq.

soit à les arrêter dans leur marche, lorsqu'ils s'élançaient à la poursuite de leurs ennemis et qu'ils étaient près de les atteindre sur la terre ou sur l'eau. Lorsqu'ils n'étaient point en guerre, la chasse occupait leurs loisirs ; elle devenait leur occupation la plus ordinaire. Comme ils ne pouvaient, en aucun temps, souffrir l'oisiveté, et qu'ils la considéraient comme un des plus grands vices, ils firent paraître une loi des plus singulières. Cette loi condamnait à une amende les hommes considérés comme étant encore dans l'âge de la jeunesse, et dont l'embonpoint paraissait résulter d'un défaut d'exercice et excéder une mesure déterminée. Ils étaient en tout temps extrêmement avides de nouvelles ; et pour satisfaire ce sentiment naturel de curiosité, dit J. César, ils se tenaient sur les chemins, pour y aborder les voyageurs les moins disposés à s'arrêter, et s'enquérir près d'eux de toutes les nouvelles qu'ils apportaient. Dans les villes, le peuple courait, en foule, à la rencontre des marchands, les obligeant à raconter d'où ils venaient et tout ce qu'ils avaient appris de nouveau dans les pays qu'ils venaient de parcourir ; et c'était encore sur ces rapports et le bruit public, nous dit aussi César, que souvent ils décidaient des affaires les plus importantes, des plus grands intérêts de l'Etat. Aussi leur arrivait-il bien souvent d'avoir à se repentir de s'être ainsi livrés légèrement à des bruits incertains, bruits qui, pour la plupart, s'accommodaient parfaitement à leurs goûts (1).

---

(1) Est autem hoc Gallicæ consuetudinis, ut et viatores etiam invitos consistere cogant ; et, quod quisque eorum de quâque re audierit, aut

Dans toute la Gaule, au rapport du même historien, il n'y avait que deux classes d'hommes qui fussent, notoirement et aux yeux de tous, en grande estime et considération. Ces deux classes d'hommes étaient les Druides ou prêtres, d'une part; la noblesse ou les chevaliers, de l'autre. Quant au peuple, il y était presque regardé comme esclave; il ne pouvait, en aucun cas, rien faire par lui-même, et n'entrait jamais dans aucun conseil. La plupart des hommes du peuple, lorsqu'ils avaient perdu toute espèce de crédit, qu'ils étaient en outre accablés de dettes et d'impôts, ou opprimés par la violence des grands, n'avaient plus qu'une ressource, c'était de s'attacher à quelqu'un qui prenait alors sur eux toute l'autorité qu'avait un maître sur ses esclaves.

Les Druides étaient chargés des choses divines, des sacrifices, tant publics que particuliers, et expliquaient encore tout ce qui avait rapport à la religion. Dans leurs attributions se trouvaient encore l'instruction et l'éducation de la jeunesse, jeunesse qui leur portait le plus grand respect. Ils remplissaient, en outre, les fonctions judiciaires, prenaient connaisssance de tous les démélés, de toutes les contestations publiques ou privées. S'il se commettait quelque meurtre ou quelque attentat; s'il s'élevait quelque division entre des héritiers; si l'on disputait sur les bor-

---

cognoverit, quœrant : et mercatores in oppidis vulgus circumsistat; quibusque ex regionibus veniant, quasque ibi res cognoverint, pronon-clare cogant. His rumoribus atque auditionibus permoti, de summis sæpè rebus consilia ineunt : quorum eos è vestigio pœnitere necesse est, cum incertis rumoribus serviant, et plerique ad voluntatem eorum ficta respondeant. Com. liv. iv.

nes d'un champ ou sur des anticipations, eux seuls s'établissaient juges, et prononçaient en dernier ressort sur toutes ces affaires, comme sur les peines et les indemnités. Lorsque quelqu'un, quels que fussent d'ailleurs sa qualité et son rang, refusait de se soumettre à leurs décisions, il était exclus de la participation aux sacrifices; et c'était toujours chez eux un châtiment terrible et des plus redoutés. Celui qui, par malheur, l'avait encouru, passait pour un impie et un scélérat; et bientôt il se voyait abandonné de tout le monde. Personne ne consentait ni à le voir, ni à lui parler. Il était regardé comme le pestiféré que l'on fuit, que l'on évite, dans la crainte seule de s'exposer à la contagion du mal. Jamais on ne lui rendait justice et il devenait un objet universel d'horreur et de mépris.

Les Druides ne reconnaissaient qu'un chef unique dont l'autorité était absolue. A sa mort, son autorité passait au plus considéré d'entre ceux qui lui survivaient. Lorsque le choix rencontrait quelque difficulté, lorsqu'il se présentait plusieurs prétendans, l'affaire se décidait alors entre eux par élection, et quelquefois même par les armes. Tous les ans, et en une certaine saison, les Druides s'assemblaient sur la frontière du pays Chartrain, qui était considéré comme le milieu de la Gaule, et dans un lieu particulièrement consacré à ces assemblées. Là, se rendaient de tous côtés ceux qui avaient des différends à juger. Les Druides instruisaient l'affaire, rendaient leurs jugemens, et chacun des plaideurs s'empressait d'y acquiescer. On croit que cette institution des Druides vient de l'Angleterre, d'où elle aurait ensuite passé dans la Gaule; et de là vient aussi que ceux des Druides qui

voulaient acquérir l'instruction la plus profonde , et c'é-
tait le plus grand nombre , faisaient à cette fin le voyage
d'Angleterre.

Les Druides n'allaient pas à la guerre , ne payaient
aucun impôt , et étaient dispensés de toutes charges et de
toutes contributions. Tous ces priviléges engageaient bon
nombre de personnes à entrer dans leur ordre , de pères
de familles à y envoyer leurs enfans. On croit que les
maximes dont s'instruisaient les Druides et qu'ils enseignaient à leurs disciples étaient en vers écrits en caractères grecs , qu'ils apprenaient ces vers par cœur , et qu'il
était toujours défendu à qui que ce fût de les écrire.
Aussi , quelques-uns de ces disciples restaient-ils plus de
vingt ans sous la discipline des maîtres , sans qu'il leur
fût jamais permis d'en écrire un seul ; quoiqu'ils fussent
dans l'usage , pour toutes leurs affaires publiques et particulières , de se servir de ces caractères grecs. Nous rapporterons ici les deux raisons qui ont été alléguées à cette
fin de justifier le refus des Druides de laisser écrire leurs
vers : la première , c'est qu'ils trouvaient là un moyen de
dérober au vulgaire la connaissance de leurs mystères ;
la seconde , c'est la crainte qu'ils avaient que leurs élèves ,
ayant ces vers écrits , n'apprissent plus rien par cœur et né-
gligeassent de cultiver leur mémoire; car, on a fait cette ob-
servation que bien souvent, quand on a les choses écrites, on
les apprend avec moins d'application , et on en perd vite
le souvenir. Une de leurs principales maximes était :
que l'âme ne meurt pas , mais qu'après la mort elle passe
d'un corps dans un autre. Cette maxime, ils la jugeaient
des plus utiles et des plus propres à encourager à la vertu

et à faire mépriser la mort. Les Druides s'occupaient de l'étude des sciences les plus élevées et les plus abstraites. Ils étudiaient toutes les particularités relatives aux astres et à leurs mouvemens , la grandeur et l'étendue de l'univers , la nature de toutes choses , le génie et la puissance des dieux immortels , et ils faisaient de toutes ces sciences la base de leur enseignement.

Les personnes de seconde classe , dont nous avons parlé plus haut, formaient l'ordre des nobles ou chevaliers , lesquels prenaient leurs places à la tête des armées tout aussitot qu'il y avait quelqu'apparence de guerre. Avant l'entrée de César dans les Gaules , un grand nombre d'entr'eux se réunissaient tous les ans à la même époque et faisaient toutes les dispositions convenables pour une guerre d'attaque ou de défense. Plus quelqu'un chez les Gaulois était puissant par sa naissance et ses richesses , plus aussi il possédait de vassaux et de gens à ses gages : c'était là la seule marque de distinction qu'ils connussent.

Plus qu'aucun autre peuple de la terre , les Gaulois étaient attachés à leur culte et à leurs idées superstitieuses. Lorsqu'ils étaient atteints de maladies et qu'ils les jugeaient mortelles, ou qu'à la guerre ils se croyaient en danger de perdre la vie , ils ne se faisaient aucun scrupule d'immoler des hommes , ou de faire vœu d'en sacrifier. Pour accomplir ce qu'ils considéraient comme un devoir, ils se servaient des Druides , qui s'imaginaient aussi ne pouvoir apaiser leurs Dieux qu'en leur offrant vie pour vie ; et c'est pourquoi ils avaient établi des sacrifices publics d'une telle nature. On voyait souvent disposées pour ces sacrifices d'énormes statues d'osier , remplies d'hommes vivans, qui devenaient autant de victimes offertes aux dieux. Ces statues étaient livrées aux flammes ; les victimes mouraient dans les tourmens les plus affreux, et le sacrifice était accompli. Les hommes dont ils faisaient choix plus particulièrement pour cela, étaient des êtres dégradés, des voleurs ou brigands, et autres gens coupables de quelque infamie. Ils croyaient que le sacrifice de tels hommes était toujours le plus agréable à leurs dieux. Mais à défaut d'individus dégradés et criminels, ils n'hésitaient pas à leur substituer des innocens (1).

Les femmes Gauloises savaient au besoin donner aussi des preuves du plus grand courage. Elles étaient entièrement soumises à leurs maris, qui avaient sur elles puissance de vie et de mort, aussi bien que sur leurs enfans. Les funérailles des Gaulois étaient toujours magnifiques et somptueuses. On y brûlait, avec le corps du défunt, tous les valets et animaux qu'il avait affectionnés particulièrement pendant la vie ; et peu de temps avant la conquête des Gaules par les Romains, ils étaient encore dans l'usage de sacrifier les esclaves et affranchis auxquels le défunt avait donné des témoignages d'affection et d'attachement.

La loi imposait à chacun l'obligation d'informer le magistrat seul de toute nouvelle, de tout bruit public concernant l'état. Le magistrat, informé des bruits en circulation, ne livrait ensuite au public que ceux qu'il croyait pouvoir l'intéresser sans le compromettre.

______

(1) La guerre des Gaules. Liv. vi.

Les affaires de l'état se traitaient toujours en conseil ; et ce n'était que là qu'il était permis de s'en entretenir. Les Gaulois témoignèrent en tout temps de la plus grande aptitude pour les arts et les sciences. On en peut juger ainsi par les rapports des anciens auteurs grecs et latins. C'est par eux que nous connaissons la science que possédaient les Druides, les Bardes, les Sarronides et les Eubages, et la réputation que leur avait faite dans le monde entier leur instruction. Ces Druides étaient les philosophes et les théologiens du pays ; ils en étaient encore les jurisconsultes, les mathématiciens, les astrologues, les médecins et les orateurs (1).

A partir de l'époque où les Phocéens et les Ioniens établirent des colonies à Marseille (2) vers l'an 591 avant la naissance de J.-Christ, les Celtes ou Gaulois se rendirent habiles dans les sciences des Grecs et des Romains, et ils fondèrent à Marseille une école aussi célèbre que celle d'Athènes. Les langues Grecque et Celtique ou Gauloise y furent tout d'abord enseignées ; et l'on put aussi par la suite s'y instruire dans la langue latine. De là les noms divers donnés à l'académie gauloise de Marseille, qui fut

---

(1) On comprenait, sous le nom de Druides, les Bardes qui célébraient en vers les faits héroïques des grands hommes ; les Sarronides qui rendaient la justice et instruisaient la jeunesse Gauloise dans les sciences et les arts ; les Eubages, qui jugeaient des prodiges et en tiraient des conjectures pour l'avenir. *Moréri.* Dict. hist.

(2) Tous les auteurs s'accordent à attribuer aux Phocéens l'origine de Marseille ; les uns les font venir de la Phocide en Béotie, province de Grèce, d'autres de la Phocée, colonie des Athéniens en Asie et dans l'Ionie, v. page...

appelée Τρίγλωττος par les Grecs, et *Trilinguis* par les Latins; c'est-à-dire où l'on parle trois sortes de langues. On professait alors dans cette école, et publiquement, l'éloquence, la philosophie, les mathématiques, la jurisprudence, la médecine, la théologie fabuleuse; et la célébrité qu'elle avait acquise suggéra à Cicéron l'idée de l'appeler la nouvelle Athènes des Gaules. Telle était la réputation de cette école de Marseille; l'enseignement public y était arrivé à ce degré de perfection, qu'au rapport de Strabon, un grand nombre de Romains et de Grecs quittaient la ville d'Athènes pour y venir étudier les sciences. Pythéas et Eudimène, tous deux formés à l'école de Marseille, avaient publié leurs ouvrages sur l'histoire des pays étrangers, avant que Livius–Andronicus, Nevius et Ennius, les premiers écrivains de Rome, eussent publié les leurs (1). Jusqu'au temps de l'irruption dans les Gaules des Bourguignons, des Goths et des Vendales, la Gaule-Narbonnaise et la Viennoise avaient produit des hommes versés dans les sciences, soit à Marseille, soit à Arles ou autres villes Gauloises.

Il ne serait pas même difficile, dit Moréri, de montrer de l'érudition Grecque dans la Celtique ou Lyonnaise, et dans l'Aquitaine, bien avant qu'on y eût introduit la

---

(1) Pythéas, géographe de Marseille, vivait vers le temps d'Alexandre-le-Grand, l'an 325 avant J.-Christ; il écrivit un traité *de ambitu terræ* cité souvent par les anciens et surtout par Strabon, liv. 2, 3, 4. Livius Andronicus fit représenter sa première pièce l'an 514 de la fondation de Rome, et 240 avant l'ère vulgaire. Nevius et Ennius ont publié leurs tragédies et comédies quelques années après. *Cicero in Bruto. Suoton; liv. de illust.*

langue des Romains. Mais, observe-t-il encore, « il ne faut pas croire, sur le rapport d'Annius de Viterbe, que les Gaulois aient appris aux Grecs et aux Asiatiques les belles-lettres, les arts libéraux et les sciences les plus sublimes, au lieu de les avoir reçus d'eux; car tout ce qu'il y a eu d'érudition et de politesse dans les Gaules, est dû, pour la plus grande partie, à la Grèce, et particulièrement aux Ioniens. S'il y a eu, au contraire, quelque rudesse et quelque grossièreté parmi certains Grecs de l'Asie mineure, comme parmi les Galates, on peut attribuer la cause de ces défauts aux moins policés d'entre les Gaulois qui y portèrent leurs armes et s'y établirent par droit de conquête. » (1)

Tout aussitôt que les Gaulois s'appliquèrent à l'étude de la langue latine, ils firent des progrès si rapides, si étonnans, qu'ils parvinrent en fort peu de temps à acquérir une célébrité universelle; et chose singulière et digne de remarque! Ce fut un habitant des Gaules qui, le premier, introduisit dans Rome l'art de bien parler la langue latine, et le premier encore, qui y enseigna la rhétorique. Ce fut Lucile Plotin (Lucius Plotius) de Lyon, qui illustra un des premiers la ville de Rome et fut l'un de ses plus grands orateurs jusqu'au temps de Cicéron, qui n'était encore qu'un enfant, lorsque déjà ce Gaulois y enseignait avec éclat la rhétorique (2).

---

(1) Nous avons plus d'une raison de croire que Moréri s'est fait illusion sur l'importance qu'avait acquise la langue grecque dans les Gaules. Sans adopter entièrement l'opinion de son antagoniste, *Annius de Viterbe*, nous croyons néanmoins l'opinion de ce dernier moins éloignée de la vérité.

(2) Cicéron, tout jeune qu'il était, dit qu'il s'était senti entraîné à

Depuis l'époque où apparut ce chef illustre des rhétoriciens latins jusqu'à celle de la décadence de l'empire d'Occident, les Gaules ont produit des hommes remarquables dans toutes les sciences ; et parmi eux on voit figurer particulièrement et avec éclat de célèbres orateurs latins, lesquels ont brillé soit au barreau et dans les écoles de Rome, soit dans celles qui furent établies dans les principales villes de leurs provinces.

Votienus Montanus de Narbonne, et Vibius Gallus, aussi de la Gaule, florissaient au temps d'Auguste, comme Donitius Afer de Nismes, et Clodius Quirinalis, d'Arles, brillaient sous Tibère (2). Tandis que Clodius Quirinalis professait la rhétorique à Rome, Statius Ursulus de Toulouse, et Castor de Marseille, l'enseignaient dans les Gaules, et tous deux avec le plus grand éclat. Quintilien donne à Julianus Florus le surnom de prince de l'éloquence des Gaules, et il lui assigne en outre un des premiers rangs parmi les plus célèbres orateurs de Rome (3). Depuis le règne de Néron jusqu'à celui de Trajan, le barreau Romain fut illustré par un grand nombre d'orateurs Gaulois ; et les écoles d'éloquence et de droit y furent presque toujours dirigées par des maîtres nés et instruits dans les Gaules. Quoique l'éloquence Romaine

---

l'aller entendre comme les autres ; mais qu'il en crut les plus savans de son temps, qui jugèrent que les lettres grecques étaient plus propres à instruire et à former l'esprit. Cic. ad. M. Tit.

(2) Le poète Martial, contemporain de V. Montanus, en parle comme d'un savant qui faisait honneur à sa patrie. D. Afer, de Nismes, orateur célèbre sous Néron. Tacit annal. liv. xiv.

(3) Quintilien l. 1. Inst. c. 3. Sénèque, cont. 25.

eût considérablement perdu de sa splendeur et se fût pour ainsi dire presque éteinte à Rome depuis Pline-le-Jeune (1), elle sut néanmoins se maintenir tout aussi bien que l'éloquence grecque dans les principales villes des Gaules ; elle continua toujours de briller à Marseille, Arles, Besançon, Autun, Lyon, Narbonne, Toulouse, Bordeaux et plusieurs autres villes des Gaules. Au temps même de la décadence de l'empire Romain on vit les lettres et les sciences se réfugier dans les Gaules où florissaient alors Salvien de Marseille, Sidoine Apollinaire (2), et quelques autres qu'on peut, dit Moréri, considérer comme les derniers écrivains de l'époque Gauloise et les premiers maîtres des écoles Françaises.

La Gaule fut de tout temps un pays très-fertile ; et quoique ses habitans eussent généralement un goût moins prononcé pour l'agriculture que pour les arts de la guerre, ils ne négligèrent jamais cependant de cultiver leurs terres. Au rapport de Pline, les lins et les vins des Gaules étaient transportés au loin dans les pays étrangers, et les Romains dont elles étaient tributaires en tiraient des revenus considérables.

Quand Jules César s'en fut rendu maître, il y trouva

---

(1) Il vivait vers l'an 106 de l'ère chrétienne. Le panégyrique de Trajan, son bienfaiteur, qu'il prononça dans le Sénat Romain, est considéré comme un chef-d'œuvre d'éloquence latine.

(2) Salvien, originaire de Trèves, prêtre, vivait dans le ve. siècle, et S. Apollinaire, évêque de Clermont. Ce dernier a composé beaucoup de mots nouveaux et d'une prononciation choquante. On a de lui des épîtres et 20 pièces de vers.

toujours, et facilement, d'abondantes provisions pour la subsistance de ses armées. Il y leva de fortes contributions tant en or qu'en argent, qu'il envoya à Rome et dont on a rempli les caisses de l'Etat. Si, à diverses époques, les habitans de quelques parties de l'empire des Gaules se décidèrent à délaisser le sol natal pour aller au loin conquérir des provinces Grecques ou Romaines, ce fut toujours l'amour de la gloire et de la liberté, qui leur était si naturel, joint au désir de s'instruire dans les sciences et les arts, qui seuls les déterminèrent, et non pas, comme beaucoup d'historiens l'ont avancé, la nécessité de pourvoir à leur subsistance, et d'aller chercher sur une terre étrangère les objets de première nécessité que leur aurait refusés le sol fertile de la Gaule. Le gouvernement des Gaulois était une aristocratie environnée d'institutions républicaines; et chacune de leurs provinces, chacun de leurs cantons, avait son administration particulière. Leurs républiques, dit César, passent pour être fort bien organisées. Nul n'y prend les rênes de l'Etat que du consentement bien constaté du peuple, et qu'après en avoir été reconnu parfaitement digne.

Les Romains gouvernèrent la Gaule pendant près de cinq siècles, après que César en eût fait la conquête et l'eût soumise; et ils la divisèrent autrement qu'il ne l'avait fait. Ils la partagèrent en dix-sept provinces, dont ils firent autant de gouvernemens. Six de ces gouvernemens devinrent consulaires, et onze furent régis au moyen de présidens envoyés par les empereurs. Constantin-le-Grand y établit des comtes dans les grandes cités, et des ducs dans quelques villes frontières. La justice s'y ren-

qu'ils méditaient quelque grande entreprise; et les Romains se virent forcés, pour mettre un terme à cette coutume barbare, de leur interdire, sous les peines les plus sévères, les sacrifices humains.

DE L'ORIGINE

DE

LA LANGUE FRANÇAISE.

La langue des peuples, depuis l'origine du monde jusqu'à nos jours, a subi la destinée de l'homme. Comme lui elle est née, s'est développée et fortifiée, pour s'éteindre et se reproduire ensuite sous d'autres formes et avec des figures différentes. La seule chose à noter dans l'accomplissement de cette grande loi de la nature, c'est qu'elle est l'œuvre de quelques jours pour l'homme, et de plusieurs siècles pour les langues.

La plus belle faculté que l'homme ait reçue de la création est celle d'exprimer sa pensée par des mots. Cette faculté résume en lui toutes les autres ; c'est par elle qu'il occupe une place à part dans l'ordre de la nature et qu'il se sépare de tous les autres êtres vivants pour les diriger, les commander et les dominer. Au milieu de ses semblables, il peut, par le don de la parole, exprimer chacun des besoins du corps et de l'âme, faire briller son intelligence, mettre à découvert toutes les ressources de son génie, et révéler enfin les nobles instincts, les su-

blimes idées qui naissent de sa nature et de son perfectionnement moral.

Les premiers hommes de la terre, pour communiquer
entre eux, pour échanger leurs idées, durent nécessairement, à défaut de langue faite et parlée, avoir recours
aux signes, et les signes de la voix étant les plus faciles
et les plus naturels, c'est à ceux-ci qu'ils durent tout
d'abord recourir. Dans l'ordre naturel, c'est par les cris
ou les chants que s'expriment les plus fortes émotions de
l'âme, ce furent aussi les diverses intonations de la voix
qui devinrent, pour les premiers hommes, leurs premiers signes d'intelligence, leurs premières paroles, paroles mal articulées, mais au moyen desquelles il leur
fut possible de s'entendre. Chacune des intonations de
la voix, exprimant autant d'idées différentes et pouvant,
comme ces idées, varier à l'infini, devint bientôt, entre
les premiers hommes, l'écho véritable de leur âme, leur
signe de convention et d'intelligence, le cachet propre à
graver dans l'esprit et la mémoire l'expression de leurs
pensées. Sans connaître la langue des peuples, il est toujours possible au milieu d'eux, de discerner dans les diverses inflexions de la voix, dans les chants, les plaintes
et les cris, l'expression de la joie, de la tristesse ou de
la douleur. Les premiers sons de la voix furent donc
pour l'homme les premières expressions, les premiers
moyens mis à sa disposition pour se faire comprendre;
et de la succession et modification infinie de ces sons plus
ou moins bien articulés, sont résultées les langues ou l'ar-
ticulation des mots.

La langue des premiers peuples se perd dans l'anti-

quité la plus reculée, et il nous est impossible aujour-
d'hui d'en retrouver la moindre trace, il ne nous en reste
que les modifications nombreuses et variées à l'infini,
que les siècles et l'éloignement des peuples entre eux lui
ont fait subir ; et ce sont ces modifications nombreuses
du langage primitif des hommes, qui constituent aujour-
d'hui la diversité des langues, comme celle des peuples.

Toutes les langues, mortes ou vivantes, peuvent être
considérées comme des dérivés d'une langue mère ou
matricielle. Les dialectes des peuples se sont formés et
multipliés d'autant plus promptement que ceux-ci se sont
séparés et éloignés les uns des autres plus fréquemment,
à cette fin de former une communauté d'intérêts, d'usages,
de mœurs et de religion. Il nous paraît tout-à-fait inutile de supposer, à l'exemple de quelques anciens historiens, l'existence primitive de langues majeures et mi-
neures, pour se rendre compte de la variété et de la
multiplicité des langues des peuples. En nous reportant
seulement aux temps antiques où existait la langue Hébraïque, la plus ancienne que nous connaissions, et celle
dont quelques rudimens ont pu parvenir jusqu'à nous,
nous en voyons sortir une multitude de dialectes ou de patois qui deviennent bientôt autant de langues différentes.
La Chaldaïque, la Syriaque, la Samaritaine, etc. etc., se
forment des élémens de l'Hébraïque, comme les anciennes
langues des Arabes, des Egyptiens et des Coptes, naissent,
pour ainsi dire, des débris de ces dernières. Celles-ci, à
leur tour, enfantèrent d'autres langues ; elles fournirent
les élémens dont se formèrent les langues Grecque,
Etrusque, Latine, Tudesque, Gauloise, etc. etc., les-

quelles langues ont eu, aussi bien que leurs devancières, leurs périodes de formation et de perfectionnement, périodes plus ou moins longues à s'accomplir, selon la nature des circonstances qu'elles ont eu à subir.

Si l'on veut connaître la facilité et la propension qu'ont les peuples à se former partout une langue particulière et distinctes, que l'on observe seulement, dans toute l'étendue de la France, les nuances diverses qui caractérisent le langage des habitans de chaque province, de chaque département, de chaque ville et même de chaque village. Si cette différence du langage n'est pas dans l'emploi d'expressions et de mots particuliers, elle se trouve dans l'accent ou la manière de prononcer les mots. Souvent on reconnaît l'habitant de telle ou telle ville, de tel ou tel village, à son inflexion de voix, à son accent tout particulier. Placez dans une ville une population composée d'hommes aux mêmes habitudes, parlant la même langue, n'employant jamais que les mêmes mots, les prononçant tous et toujours de la même manière, bientôt cette population abandonnée à ses inclinations propres se séparera en plusieurs fractions, qui formeront bientôt autant de sociétés distinctes dont chacune se formera des habitudes, des mœurs et des occupations particulières. Mais là seulement ne s'arrêtera pas la différence ou la distinction qui se sera établie entre chacune de ces fractions. Bientôt aussi ce sera dans leur langage qu'elle se rencontrera ; ce sera dans la manière de parler, dans l'emploi d'expressions nouvelles ou différemment accentuées que se trouvera le trait caractéristique de cette séparation. La bourgeoisie, le commerce, l'atelier auront bientôt chacun ses expressions particulières , ses mots consacrés, et ils prononceront sur des tons différens , ou avec des accens variés , les mots d'un usage commun.

Chaque ville a son langage qui diffère de celui de ses faubourgs ou des campagnes qui l'environnent ; et ce langage des villes subit bien vite de profondes modificacations, si des populations étrangères et nombreuses les envahissent et s'y établissent définitivement. La même chose résultera nécessairement aussi de la fréquente communication entre eux de peuples étrangers les uns aux autres et parlant des langues différentes.

Les Français des Pyrénées ou les Basques ont un dialecte formé du mélange des langues Espagnole et Française. Ce dialecte n'est intelligible que pour les gens du pays, et il est né des relations journalières entretenues depuis des siècles entre des peuples possédant chacun sa langue particulière. Les habitans des provinces Françaises qui confinent l'Allemagne , l'Italie , etc. , se sont formé aussi des langues d'un caractère mixte , des langues de transition résultant du mélange des unes et des autres. Quand, avec le temps, un dialecte ou un patois s'est assujéti à certaines règles , s'est créé des mots propres , quand il diffère tellement de la langue métropolitaine (1) qu'il a cessé de lui ressembler et de s'entendre avec elle ; alors il est arrivé à l'état de langue nouvelle, il en a acquis tous les caractères.

---

(1) Nous sommes forcé de substituer la dénomination de langue Métropolitaine à celle de langue mère qui nous présente un faux sens. En

Lorsque les Gaulois, sous la conduite de Brennus (2), en l'an 390 avant l'ère chrétienne, allèrent en Asie fonder la province de Galatie, après avoir ravagé Rome et une partie de la Grèce, ils ne tardèrent pas à changer le caractère de la langue du pays, et, sous leur influence, il s'en forma une nouvelle résultant du mélange des langues Grecque et Gauloise, langue dans laquelle se retrouvaient des mots appartenant entièrement à l'une ou à l'autre. Les expéditions guerrière des Gaulois dans la Grèce, celles des Grecs dans la Gaule-Celtique, l'établissement des Grecs-Asiatiques ou des Phocéens dans la Provence ou à Marseille, environ 590 ans avant l'ère chrétienne, ont certainement modifié la langue de ces anciens peuples, mais n'y ont pas apporté autant de changemens qu'on le pourrait bien croire. Une colonie qui s'implante au milieu d'un peuple n'en change pas entièrement la langue. Elles se forment, ces langues, non par le concours des plus forts, mais bien par celui des plus nombreux. Nous verrons, par la suite, que presque tous les mots de notre langue ont une origine Gauloise ou Française, et ne dérivent pas, comme on l'enseigne partout par erreur, du grec ou du latin. Si, dans la langue Gauloise ou Française, nous rencontrons un grand nombre de mots paraissant provenir du grec ou du latin, soit par la

---

effet, le mot langue mère signifie ordinairement langue primitive, et qui n'est formée d'aucune autre; or, comme nous n'admettons qu'une langue primitive, que nous appelons matricielle, laquelle nous est inconnue aujourd'hui, et d'où dérivent toutes les langues du monde, mortes ou vivantes, l'emploi de langue mère serait ici une sorte d'amphibologie.

(2) Aujourd'hui Brenne: ce mot signifie nous bravons nos ennemis.

consonnance, soit parce qu'ils s'écrivent à peu près de la même manière, la raison en est seulement dans l'usage qui subsiste depuis des siècles, lequel n'est même pas encore entièrement éteint en France, de parler grec et surtout latin dans certains établissemens publics, dans ceux particulièrement consacrés à l'enseignement. Il est résulté de cet usage que la plupart des mots français ont été traduits en grec et en latin et sont restés incorporés à ces langues au même titre que ceux qui leur appartiennent d'origine, et sans qu'il soit possible de les distinguer, puisque l'on ne connaît encore que le sens des mots sans en connaître la véritable signification. C'est seulement à leurs étymologies que nous pourrons bientôt reconnaître leur véritable origine. Nous trouverons des mots Gaulois traduits en latin par Cicéron lui-même. Le mélange des peuples modifie donc leur langage sans pouvoir le détruire entièrement. Chaque pays, quoi qu'il arrive, conserve toujours sa langue primitive; seulement, quand de nouveaux peuples s'en emparent et viennent s'y établir, cette langue s'altère, il s'y introduit tout-à-coup un grand nombre d'expressions nouvelles; mais ces expressions s'usent ou meurent avant d'avoir pénétré dans les masses populaires qui, seules, comme nous l'avons dit, font les langues et les conservent.

La conquête de l'Algérie par les Français amènera par la suite des temps cette modification du langage, mais la langue du pays subsistera toujours. A l'exemple des Romains, lorsqu'ils conquirent les Gaules et les gouvernèrent, les Français introduisent aussi déjà dans leur langue des mots tout-à-fait Arabes; et peut-être viendra-

DE LA FORMATION

DE

LA LANGUE FRANÇAISE;

DE LA COMPOSITION DES MOTS

OU

(LA COMOLARDE) (1).

L_A langue Gauloise ou Française se composait, à son origine, d'un petit nombre demots avec lesquels il était difficile d'exprimer complètement une pensée. Mais le génie des Gaulois s'exerça de bonne heure à suppléer à leur insuffisance et à la pauvreté de la langue , en donnant à chacune des expressions qui la constituent une signification d'une grande étendue , une signification que nous représentons aujourd'hui par une phrase entière et com-

---

(1) A l'exemple des Gaulois et des Français des premiers âges , nous formons un mot d'une prononciation facile et exprimant une idée complète , laquelle ne saurait se traduire aujourd'hui que par une phrase. Ainsi, on peut trouver aisément dans le mot Comolarde la phrase

plète. Les mots les plus courts et exprimant le plus grand nombre d'idées étaient les meilleurs pour eux. Avec leur caractère prompt et vif, avec leurs institutions essentiellement guerrière, il leur fallait une locution toujours très-courte. Une phrase un peu longue eût déplu, elle eût heurté le caractère national, et produit l'effet d'un discours ennuyeux.

Les Français de nos jours, vrai type des Gaulois dont ils descendent, ont conservé dans la langue militaire cette habitude de leurs ancêtres, de dire beaucoup de choses, d'exprimer un grand nombre d'idées avec peu de mots. Que de paroles, par exemple, ne faudrait-il pas employer dans le langage ordinaire, pour faire exécuter successivement et promptement chacune des actions qui se résument dans ce commandement : peloton ! armes, joue, feu, chargez (1).

---

suivante : il est l'art de la composition des mots. Nous connaissons d'avance le sort réservé à cette innovation ; mais nous aurons au moins la satisfaction d'être resté fidèle aux principes posés par les fondateurs de notre langue, et nous nous garderons bien d'imiter les modernes qui s'étudient tous les jours à former des mots français avec le vieux grec, comme leurs devanciers le faisaient avec le latin. Il ne nous paraît pas que ce genre d'érudition ait contribué jusqu'à ce jour à polir, adoucir ou perfectionner notre langue. Nous en donnerons pour exemple deux mots pris au hasard dans la science anatomique : Sphénoïde, Aracnoïde. Si Virgile eût possédé des mots d'une telle euphonie, il les eût réservés pour des vers semblables à celui-ci :

Monstrum horrendum, informe, ingens, cui lumen ademptum,

(1) Voir, pour connaître la langue militaire en ce qui a rapport à l'exécution des manœuvres et le commandement du maniement des armes, l'école du soldat et de peloton, dans le Manuel des gardes nationaux.

La règle qu'observaient les Gaulois et les Français des premiers âges, dans la formation de leurs mots, c'était tout d'abord de les composer avec le moins grand nombre possible de lettres, d'y faire entrer beaucoup de syllables, et de placer les lettres de manière à rendre leur prononciation douce et facile. Chaque lettre ou syllable représente un mot tout entier, c'est-à-dire que souvent ce mot s'exprime uniquement par son initiale. A l'exemple des latins qui transportaient leurs mots dans la construction des phrases, partout où ils le jugeaient convenable, les Gaulois plaçaient aussi indistinctement leurs lettres dans toutes les parties du mot et de la manière la plus avantageuse à la prononciation. Règle générale : la même lettre dans un mot peut s'employer autant de fois qu'elle devient nécessaire à la construction de la phrase ; car, ainsi que nous l'avons observé, chacun des mots de notre langue renferme une phrase entière et un sens complet. Ceux que nous allons examiner nous serviront de preuves et d'exemples. En les décomposant, nous trouverons leurs étymologies et chacun d'eux servira à expliquer les réflexions qui précèdent.

Nous aurions à parler encore des accens qui, dans les mots, représentent des lettres, mais il sera beaucoup plus facile au lecteur d'en comprendre la valeur par l'exemple que par des explications. Nous ferons connaître la signification de ces accens au fur et à mesure qu'ils se présenteront.

LES DRUIDES.

Les Gaulois, comme tous les peuples du monde, considéraient leur culte comme la première et la plus importante des institutions. Ce culte, aussi bien que celui des autres peuples de ce temps-là, était empreint de la plus grande superstition. L'idolâtrie partout a précédé le christianisme. Les Gaulois adoraient à peu près les mêmes dieux que les Grecs et les Romains, mais ils donnaient à ces dieux des noms intelligibles pour eux, des noms tirés de leur propre langue. Nous avons vu déjà que les chefs du culte, chez les Gaulois, portaient le nom de Druides, et que ces Druides étaient chargés de tout ce qui avait rapport à l'exercice de ce culte et à l'enseignement de la jeunesse. Mais les Druides enseignaient aussi les sciences et les beaux-arts, et remplissaient encore dans l'empire des Gaules les fonctions des augures et des aruspices chez les Romains. Ces diverses fonctions étaient trop étendues; elles exigeaient par trop de soins, pour qu'un seul homme pût y suffire et s'y appliquer exclusivement; aussi, les Druides se les partageaient-ils entre eux de manière qu'à chacun d'eux appartient une fonction propre ou une spécialité à laquelle aussi était attaché un titre particulier, comme nous voyons de nos jours les diverses fonctions de la magistrature partagées entre divers ordres de fonctionnaires, recevant par cela même aussi des dénominations ou qualifications différentes.

Les Druides , chargés d'enseigner les beaux-arts (et ces beaux-arts chez les Gaulois consistaient particulièrement à savoir célébrer en vers les faits héroïques des grands hommes), ces Druides s'appelaient les Bardes. Ceux qui rendaient la justice et instruisaient la jeunesse dans les sciences et les arts connus des Romains et cultivés par eux , étaient désignés sous le nom de Sarronides ; enfin les Druides s'appelaient Eubages qui étaient chargés de lire dans l'avenir et de prédire les grands événemens. Nous ne rapporterons pas ici les nombreuses hypothèses à l'aide desquelles plusieurs auteurs tant anciens que modernes ont cherché à expliquer ce mot Druides. La tâche serait par trop pénible et nous aurions d'ailleurs la crainte de fatiguer le lecteur de raisonnemens aussi absurdes que mal fondés. Nous nous contenterons seulement de rappeler que ce mot a reçu alternativement une étymologie Hébraïque, Grecque-Latine et Celtique ; c'est assez dire que sa véritable signification , aussi bien que celle des mots Bardes , Eubages , Sarronides , n'est plus connue de nos jours , la décomposition du mot Druide va nous le prouver encore mieux. (D-r u i d e-s) : Ils dressent et instruissent jeunes et vieux , et donnent une véritable idée des Dieux universels et ruraux. Nous avons à l'égard du mot Druide plusieurs observations à faire : la première , c'est que les lettres *i* et *u* ont souvent , outre leur signification propre , celle du *j* et du *v* : la seconde , nous ne connaissons aujourd'hui qu'un mode de syllabe, cependant il s'en trouve un autre dans les mots qu'on peut appeler syllabe renversée ou en sens inverse. Ainsi, ide peut signifier idée dans la syllabe ordinaire , et des Dieux dans la syllable renversée. Nous trouverons de nombreux exemples de ces doubles syllabes en décomposant les mots.

Les Druides, chargés de l'enseignement des beaux-arts, ou, comme nous l'avons dit , de célébrer en vers les actions de leurs grands hommes , s'appelaient Bardes, et ce mot signifie : (B-a-r-d-e) Druide décrivant de beaux-arts. Druide exercé à décrire de beaux-arts. En eux résident de beaux-arts. Règle générale : la lettre *e* , placée à la fin d'un mot, a la signification la plus étendue. Si, au lieu de se trouver comme ici la dernière du mot , elle se fût rencontrée partout ailleurs , il nous eût été impossible d'en faire le mot *en* , comme nous l'avons fait dans la dernière traduction. La lettre *e* , placée dans un mot , ne peut signifier en ou eux qu'autant qu'elle porte un accent. Les Sarronides , comme nous l'avons observé plus haut , étaient des Druides chargés d'enseigner les sciences et les arts que cultivaient tout particulièrement les Romains. La décomposition de ce mot nous en fournira la preuve , (S-a-r-r-o-n-i-d-e-s) : ils nous instruisent des sciences et arts des Romains.

Si nous passons maintenant au mot Eubages, nous trouverons que ce mot n'a pas moins de signification que les précédens. Les Eubages, nous le rappelons ici, étaient les augures et les aruspices des Gaulois. Ces Druides annonçaient les événemens au moyen de signes de toute espèce tirés de l'inspection des astres, des animaux , et des actions des hommes, ou encore des plus petites particularités qu'ils remarquaient en accomplissant les sacrifices. Les Druides , comme nous l'avons dit ailleurs , étaient seuls chargés de présider à ces sacrifices , de quelque nature qu'ils fussent. (E-u-b-a-g-e-s) eux généralement sont bons augures, annonçant un grand événement. Le mot Eubage au singulier doit se traduire de la manière suivante : bon augure annonçant généralement un grand événement. Règle : la lettre *e*, portant un accent dans le mot dont elle est l'initiale, doit représenter partout cet accent, à moins qu'elle ne soit suivie de la seconde lettre de ce mot. Evénement, dans Eubages, en offre un exemple. Ce mot s'y trouve représenté par les lettres *e* et *u*; cette dernière ayant la valeur du *v*. Mais avec une lettre seulement, l'accent aigu, placé sur l'initiale du mot événement, se fût retrouvé.

Après cet historique des prêtres des Gaulois, vient tout naturellement celui de leurs dieux.

DES DIEUX DES GAULOIS.

MERCURE.

LE grand dieu des Gaulois, dit César, est Mercure ; ils possèdent de ce dieu un grand nombre de statues : ils le croient l'inventeur des arts, le guide et le conducteur des voyageurs et le patron des marchands. Après Mercure, les dieux qu'ils vénèrent le plus sont Apollon, Mars, Jupiter et Minerve, desquels ils pensent à peu près la même chose que les autres peuples (1). Les Gaulois vénéraient Mercure sous le nom de Teutatès. Mercure était le nom que lui donnaient les Romains qui avaient de ce dieu une opinion différente de celle des Gaulois (2). Mercure était chez eux le dieu du commerce, et l'étymologie latine de ce nom, comme celle de quelques

---

(1) Deum maximé Mercurium colunt : hujus sunt plurima simulacra : hunc omnium inventorem artium ferunt, hunc viarum atque itinerum ducem hunc ad quæstus pecuniæ Mercaturasque habere vim maximam arbitrantur ; post hunc, Apollinem et Martem, et Jovem, et Minervam de his eamdem fere quam reliquæ gentes habent opinionem. (LIv. VI.)

(2) Mercure était fils de Jupiter et de Maria, et naquit en Arcadie, sur le mont Cyllène. On distinguait chez les Romains trois autres Mercures, ceux-ci étaient fils du Ciel, de Bacchus et Proserpine, de Jupiter et Cyllène, mais le fils de Maria possédait seul les prérogatives des autres. Ce dernier était le messager des dieux, portait des ailes au chapeau

autres que nous aurons occasion de citer par la suite, nous servira à prouver que les anciens Romains ont procédé à la formation de leurs mots suivant la méthode des Gaulois. En effet, que l'on décompose le mot latin Mercure, comme nous l'avons fait des précédens, et l'on y trouvera une phrase qui est l'expression d'une idée complète (M-e-r-c-u-r-i-u-s) : (*Mercatorum-et-sus-curator-est*) il est le curateur des marchands ; en d'autres termes, il est le protecteur des marchands ; il veille sur leurs intérêts.

Le Mercure des Gaulois s'appelait Teutatès, et ce mot Teutatès, décomposé comme les précédens, nous donnera l'idée la plus complète du sens que les Gaulois attachaient à ce mot. (T-e-u-t-a-t-è-s): tes soins, ton art, ta tendresse sont utiles et agréables en tout temps, et en eux seulement est tout espoir.

***

APOLLON.

APOLLON, le Bellénus des Gaulois, était pour les anciens Egyptiens, comme il le fut ensuite pour les Grecs et les Romains, ce qu'était Mercure pour les Gaulois,

---

et aux talons et avait à la main un caducée. Il conduisait en enfer les âmes des morts, et avait aussi le pouvoir de les en retirer. Il était le dieu de l'éloquence et du commerce. Les anciens Grecs avaient encore un Mercure Egyptien qui fut prêtre, roi et philosophe, et qu'ils appelaient Trismégiste, c'est-à-dire, trois fois grand. Cicéron et Lactance

c'est-à-dire , le premier de leurs dieux , celui qui jouissait des plus belles prérogatives , celui qui tenait entre les
mains lès pouvoirs les plus beaux et les plus étendus ;
aussi , les Grecs et les Romains lui dressèrent-ils des
autels en grand nombre , lui firent-ils construire des
temples magnifiques et somptueux. Le plus renommé et
le plus riche de ceux que la Grèce éleva à ce dieu , fut le
temple de Delphes , dans la Béotie , près du Mont-
Parnasse , là ou toutes les nations du monde envoyaient,
à l'envi les unes des autres , des présens pour se rendre le
dieu favorable avant d'y venir consulter ses oracles. A
l'imitation des Grecs , les Romains aussi lui ouvrirent
des temples d'une grande magnificence; entre autres celui
que l'empereur Auguste fit construire sur le mont Palatin
après la victoire qu'il remporta sur Antoine et Cléopatre ,
reine d'Egypte , et ce fut même pour perpétuer le souvenir de cette victoire que ce temple reçut le nom
d'Apollon *Palatinus, Actiacus et Navalis.* Ce prince ,
avant d'entamer la bataille , s'était adressé à Apollon dont
il avait imploré la protection ; et non content de lui avoir
fait bâtir un temple sur le promontoire Actium , avec des
jeux et des sacrifices en son honneur , il voulut encore lui
donner de plus grandes marques de sa piété et de sa re-
connaissance en lui faisant élever , dans la capitale même
de son empire , un monument des plus remarquables ,

---

affirment qu'il est le dernier de cinq grands hommes du nom de Mercure. On dit qu'il vivait 1600 ans avant J. C. et qu'il enseigna à Esculape et à Anubis l'astrologie et la théologie des Egyptiens. Les Mercures
des Latins étaient appelés Thoth par les Egyptiens et Hermès par les
Grecs.

un temple d'une magnificence rare et vraiment incroyable ; il lui fit encore, en outre, dresser une statue d'argent massif dans une des principales rues de Rome.

Les Gaulois n'avaient pas d'Apollon les mêmes idées que les Grecs et les Romains, ils ne voyaient dans ce dieu que le père d'Esculape, dieu de la médecine, celui dont le pouvoir se bornait à prolonger les jours des humains et à les guérir de leurs maladies et de leurs infirmités ; mais chez les Grecs et les Romains, le grand pouvoir d'Apollon ne s'arrêtait pas là. Ce dieu passait à leurs yeux pour être le créateur de la mélodie, le génie véritable de l'harmonie ; aussi les poètes latins mettent-ils dans sa bouche ces paroles remarquables, lorsqu'il s'adressa à la belle Daphné, qui paraissait vouloir mépriser ses hommages : *Per me concordant carmina nervis* (Ovid. mét. liv. 1er). Si les Grecs et les Romains considéraient Apollon comme le dieu des beaux-arts et de l'harmonie, ils voyaient aussi en lui le dieu de la médecine et lui attribuaient la connaissance entière de la vertu des plantes, et c'est pourquoi Ovide le fait encore ainsi parler : *Inventum medicinæ meum est, opiferque per orbem dicor et herbarum subjecta potentia nobis.* (Métam. liv. 1er.) Apollon avait de plus la gloire d'avoir inventé les armes anciennes, l'arc et les flèches, et c'est pour cette raison que chez les Grecs et les Romains il fut considéré comme le dieu des archers et des arbalétriers. Il tua autrefois de ses flèches le serpent Python, ce qui le fit surnommer Pythien et obligea toute la Grèce, en mémoire de cette action, d'instituer en son honneur des jeux appelés Pythiens :

Instituit sacros celebri certamine ludos
Pythia, de domitæ serpentis nomine dictos.

(Ovide. Métam. liv. 1er.)

Enfin il prophétisait et rendait ces oracles qui ont eu tant de retentissement dans le monde entier. Les lieux les plus renommés par ces oracles, étaient Délos, Claros, Tenedos, Cyrrha et Patare, et ce fut, par allusion à ces lieux et dans la vue d'immortaliser le souvenir des oracles qu'il y rendait, qu'Apollon reçut les diverses qualifications de Délien, de Clarien, etc. Il prophétisait à Délos pendant six mois de l'été, et à Patare de Lycie pendant les six autres mois de l'hiver, en sorte que les Déliens, s'imaginant qu'il revenait à Délos au commencement de l'été, s'y rendaient tous pour l'y recevoir en grande pompe et magnificence et au son des instrumens de musique ; ils dansaient et folâtraient ainsi que le remarque Virgile par ces vers :

Qualis ubi hybernam Lyciam, Xanthique fluenta
Deserit, ac Delum maternam invisit Apollo,
Instauratque choras, etc.   (Æneïd. l. 4. v. 143.)

Les Grecs et les Romains avaient donc, comme nous venons de le voir, une toute autre idée d'Apollon que les Gaulois pour lesquels la puissance de ce dieu se bornait uniquement à prolonger l'existence et guérir les maladies. En donnant à Apollon le nom de Bellénus, ils renfermaient dans ce mot l'expression toute entière de leur pensée, et cette pensée ne pouvait se traduire clairement que par un mot Gaulois, ainsi que le firent les Grecs et les Latins par les dénominations, sorties de leur langue, d'Apollon et d'Apollo. On se rappelle que précédemment nous avons émis cette opinion , que plusieurs traiteront sans doute de paradoxe , que les langues Grecque , Latine et Gauloise , sont toutes trois de même origine , de même date , dérivent de la même source et diffèrent souvent entre elles , comme nous voyons , dans chacune des provinces de France , les dialectes ou paotsi particuliers à ces provinces différer de la langue nationale , et d'autant plus qu'elles s'éloignent davantage du centre du royaume ou de sa métropole. Ces trois langues , disons-nous , sont de même origine , de même date ; aussi , nous est-il impossible , d'après tous les faits et observations consignés dans les articles précédens , d'accorder une priorité d'ancienneté à l'une des trois , pas plus qu'il ne nous est possible de les faire dériver de sources différentes. Si ces langues n'étaient pas trois sœurs , si elles ne reconnaissaient pas la même mère , trouverions-nous à tout moment des mots français qui ont été Gaulois d'abord et qui ont leurs pareils , à peu de choses près , dans les langues Grecque et Latine , et présentent , dans les trois langues , des sens peu différens les uns des autres ?

Le mot Apollon ou Apollo offrait le même sens chez les Grecs et les Latins , et nous verrons dans un instant que ce mot aussi fut Gaulois. Quand nous disons Gaulois , nous voulons dire qu'il était en usage chez les Gaulois méridionaux ou les Celtes , car ceux du Nord , ou les Gaulois proprement dits , n'employaient que le mot Bellénus ; et le mot Bellénus dans la bouche de ces Gaulois avait la même signification que celui d'Apollon dans les autres langues. Les Grecs et les Romains avaient la même opinion du dieu qu'ils appelaient Apollon ou

Apollo ; or , pour ne pas trop nous éloigner de notre sujet et pouvoir y rentrer le plus tôt possible , nous allons comparer, afin d'établir leur commune origine , les étymologies Latine et Gauloise des mots Apollo , Bellénus et Apollon. Nos observations sur les mots Latins s'appliquent entièrement aussi aux mots Grecs. Les mots Grecs et Latins , avons-nous dit , ont été composés comme les mots Gaulois , et d'après les mêmes principes. Prenons pour exemple le mot Apollo. Chez les Romains , Apollo était le dieu des beaux-arts , et tous les peuples d'alors , particulièrement les Gaulois , considéraient l'éloquence et l'art des vers comme le premier des beaux-arts. Nous allons voir , par l'étymologie du mot latin , que telle était véritablement aussi l'opinion des Romains (A-pol-lo) *artem pollentem locutionis aut logices omnibus affert.* Il nous donne à tous l'art puissant de l'éloquence et de la logique. L'Apollon des Gaulois s'appelait Bellénus , et Bellénus , comme nous l'avons dit , jouissait dans la Gaule du pouvoir de prolonger les jours et de guérir les maladies ; mais pour bien faire comprendre l'étymologie que nous allons donner de ce mot Bellénus , il est de toute nécessité d'observer ici que les Gaulois avaient un usage qui leur était tout particulier. Cet usage était de compter les temps de la vie par le nombre des nuits et non par le nombre des jours , comme on le fait généralement aujourd'hui dans toutes les contrées de la terre.

Les Gaulois , nous dit César , se disent les descendans de Pluton ; c'est une tradition qu'ils tiennent des Druides , et c'est pour cela qu'ils mesurent les temps par les nuits et non par les jours. Soit qu'ils commencent les mois ou

les années, soit qu'ils parlent du temps de leur naissance,
la nuit précède toujours le jour. Quant aux autres usages,
les Gaulois ne diffèrent guère des autres peuples, qu'en
ce qu'ils ne permettent à leurs enfans de paraître en public devant eux que lorsqu'ils sont arrivés à un certain
âge et en état de porter les armes. Ils croient que c'est
commettre un acte de malhonnêteté que de permettre à
leurs enfans en bas âge de se montrer publiquement devant eux (1).

Après ces observations, qui étaient indispensables, il
nous sera facile de bien comprendre l'étymologie du mot
Bellénus, et de nous expliquer pourquoi les Gaulois de-
mandaient à ce dieu Bellénus ou Apollon, non des jours
longs et beaux, mais bien de longues et belles nuits.
(Bel-l-é-n-u-s): Ses nuits sont belles et longues; elles
nous sont nécessaires, nous les espérons. Le nom de Bellénus, comme nous l'avons dit, n'était pas connu dans
toutes les parties de la Gaule. Les habitans des Gaules
Aquitaine et Celtique, ceux-là qui prirent particulièrement le nom de Celtes (2) parce que des premiers, ils ap-
prirent des Grecs et des Romains avec lesquels ils entre-

---

(1) Galli se omnes ab dite patre prognatos prædicant; idque ab Drui-
dibus proditum dicunt : ob eam causam spatia omnis temporis, non nu-
mero dierum, sed noctium, finiant; et dies natales, et mensium et
annorum initia sic observant ut noctem dies subsequantur in reliquis
vitæ institutis, hoc feré ab reliquis differunt, quód suos liberos, nisi
cùm adoleverint, ut manus militiæ sustinere possint, palàm ad se adire
non patiantur, filiumque in puerili ætate, in publico, in conspectu
patris assistere turpe ducunt. Comm. liv. vi.

(2) C-e-l-t-e-s. Ceux-là cultivent et ensemencent les terres.

tenaient des relations continuelles, l'art si utile et si
honoré chez ces anciens peuples de cultiver la terre ; ces
Gaulois, disons-nous, voisins des Romains ou habitans
des provinces qui furent appelées Romaines, avaient aussi
adopté la dénomination d'Apollon, parce que ce mot Apollon, dans la langue Gauloise, présentait un sens conforme
à celui qu'offrait ailleurs le mot Bellénus. Voici cette signification Gauloise du mot Apollon (A-p-o-l-l-o-n):
Nos nuits lui appartiennent ; on peut avec lui les avoir
longues, agréables, obtenir la longévité : et par le mot
Apollo, répétons-le ici, les Latins entendaient exprimer
ces mots : *affert omnibus artem pollentem locutionis aut
logices*, il nous donne à tous l'art, le pouvoir de l'éloquence ou du raisonnement (dialectique).

MARS.

Si nous passons maintenant au dieu Mars des Romains,
nous verrons que les peuples des Gaules le considéraient
aussi comme le dieu des batailles, mais sous les noms de
Heus, ou Hésus, nom dont le sens se rapportait exactement aux idées qu'avaient les Gaulois du dieu qui présidait à la guerre. La plus grande vertu des guerriers, selon eux, consistait à savoir en tout temps observer la
discipline, et vivre dans l'union. Nous verrons, par la
suite, en donnant l'étymologie des noms de ville, Melun,
Meudon, etc., dont nous parle César, que telle était
leur conviction. Le courage et la bravoure ne manquaient

jamais aux Gaulois. Ils l'apportaient en venant au monde ;
mais il n'en était pas de même de l'union, condition essentielle d'une bonne discipline. Elle leur manquait souvent. Il fallait qu'ils s'adressassent à un dieu pour l'obtenir. César nous apprend que les Gaulois invoquaient
Hésus comme le dieu de la guerre, et qu'au commencement de la bataille ils lui vouaient le premier ennemi
qu'ils prenaient dans le combat (1).

Nous n'essaierons d'entrer ici dans aucune des nombreuses explications qui se rapportent aux étymologies
Grecque ou Latine du mot Hésus ; explications à l'aide
desquelles les anciens historiens se sont en vain efforcés
de lui trouver une signification. Nous observerons seulement que les Gaulois trouvaient dans ce mot Hésus le
moyen d'exprimer leurs idées, relativement au dieu des
batailles, avec autant de sens et de clarté qu'en mirent les
Romains dans le mot Mars (2). Les Romains, avant la
bataille, s'adressaient au dieu Mars ; ils imploraient sa
protection ; de là vient le mot (M-ar-s.) *Meum ardorem
aut arma sustine;* soutiens mon ardeur ou mes armes !
Mais les Gaulois, comme nous venons de le dire, manquaient d'union et de discipline, et sans union ils ne

---

(1) De b. g. lib. 6.

(2) Bochart (Samuël) dit que Hésus signifiait un homme fort, comme
Hizzus en hébreux ; Jamblique (de Chalcide) allégué par Julien (*orat in
solem*) affirme que les Phéniciens donnaient cette épithéte à Mars
Αρης, Αʼξιξσφ, λεγθυδυσ. Ce faux dieu, que les Romains nommaient
Hébus, était appelé par une terminaison latine, Hées ou Hies par les
Germains, d'où vint parmi eux le nom de Hisesdag et Hiesdag, pour
marquer le mardi ou jour de mars. (Vossius de Idol. lib. 2.)

pouvaient rien faire ; aussi , adressaient-ils leurs vœux en
ce sens au dieu de la guerre , sous le nom de Heus ou
Hésus. (H-é-s-u-s) : Ses hommes sont unis et heureux.
Ses héros sont heureux et surtout unis. Cette dernière
version s'applique aussi au mot Heus. L'*u* a la signification du *v*.

⸺⸱⸻

MINERVE.

Minerve , chez les Grecs et les Romains , était considérée comme la déesse de la sagesse , de la guerre et des
arts (1) ; et c'est aussi l'opinion qu'en avaient les Gaulois
qui ne crurent pas nécessaire , pour la désigner , de for-
muler une expression autre que celle-ci , par cette raison
que ce mot renfermait clairement toute leur pensée ; il fut
même peut-être primitivement composé de leur langue.
La déesse des Gaulois , Minerve , était la divinité des
Grecs et des Romains, mais comme ce mot se trouve entièrement composé de racines Gauloises ou Françaises,

------

(1) Les anciens ont parlé diversement de cette déesse, et quelques
auteurs en reconnaissent cinq de ce nom. La première est celle dont
nous parlons ; la seconde fut mère d'Apollon ; la troisième, qui recon-
naissait le Nil pour son père, était en grande estime chez les Egyptiens
Saïtes ; la quatrième était fille de Jupiter et de Coriphé, fille de l'Océan ;
c'est celle que les Arcadiens honoraient, la disant l'inventrice des
chariots ; et la cinquième est la fille de Pallante, qu'elle tua, parce
qu'il voulut attenter à sa pudeur. On donne à cette dernière des ailes
placées aux pieds coe   à Mercure.

nous n'avons aucunement ici à nous occuper du sens qu'il présente dans les autres langues anciennes. Nous passons donc à sa décomposition, afin d'en connaître l'étymologie et la signification originelle. (M-i-n-e-r-v-e.) : Elle nous montre, nous instruit, nous inspire; et elle est notre refuge véritable; elle nous instruit, nous inspire; elle est une mine véritablement riche et inépuisable.

——◦——

JUPITER.

Jupiter, le père des dieux, était connu et vénéré des Gaulois comme il l'était de la plupart des autres peuples du monde. Jupiter était le fils de Saturne et de Cybèle, le père de Mercure, d'Apollon, de Minerve, etc., il gouvernait le ciel et la terre et sut donner une preuve de sa puissance en foudroyant les Titans et les géans qui, un jour, voulurent escalader les cieux. Les Latins le nommèrent d'abord Jovis, puis Jupiter, et les Gaulois, de leur côté, lui donnèrent un nom tiré de leur langue, le nom très-significatif de Taramis. Par le mot Jupiter (1) les Romains entendaient désigner un juge et père inflexible et terrible : *Judex et pater inflexibilis et terribi-*

-----

(1) Platon croyait que Jupiter était le soleil. Tzetzes rapporte qu'autrefois on donnait ce nom comme un titre à tous les rois. Les astrologues l'ont donné à une planète. On présente Jupiter portant la foudre à la main.

lis. Cette étymologie latine est aussi Gauloise, ce **qui** prouve encore, comme nous l'avons dit, l'origine commune des deux langues. Mais les Gaulois qui ne voulaient rien avoir de commun avec les Grecs et les Latins, composèrent un autre mot de leur propre langue. Quant au mot Jovis qui est le synonyme du mot Jupiter, tout nous porte à croire qu'il fut composé pour exprimer ce qui suit : *Judex vis omnium, vel vita.* Le juge, la vie, la force de tous les hommes ou de toute chose.

La pensée des Gaulois, en donnant au dieu Jupiter le nom de Taramis, était à peu près celle des Latins ; mais ils trouvaient là une expression qui s'accommodait mieux à leurs idées et avait, de plus, à leurs yeux, le mérite inappréciable d'être formée uniquement de leur propre langue et conséquemment d'être plus intelligible à chacun. (T-a-r-a-m-i-s) : Avec son arme il se rend terrible, redoutable au monde, mais aussi il s'en rend ami. Ce mot ami s'explique ici par l'idée que les Gaulois se faisaient de Jupiter. Ils pensaient qu'au moyen des foudres dont ce dieu disposait, il pouvait empêcher la guerre ou mettre le désordre dans une bataille, de manière à faire tourner la victoire du côté où il voulait qu'elle se fixât. Nous verrons par la suite que ce fut au moyen d'un orage que les Romains se rendirent maîtres de Lutèce ou Paris. Nous avons à consigner ici une réflexion qui nous paraît essentielle. Quoique nous ayons dit plusieurs fois que les Gaulois, ne trouvant pas les noms Grecs ou Latins, donnés à leurs dieux, suffisamment explicatifs, leur en avaient substitué d'autres plus conformes à leurs idées, et formés de leur langue propre, il ne faudrait pas pour cela en tirer cette conséquence que , dans notre opinion , la formation des mots Grecs ou Latins aurait précédé celle des mots Gaulois ; ou , en d'autres termes, que les langues Grecque et Latine auraient existé antérieurement à la langue Gauloise. C'est bien plutôt l'opinion contraire que nous serions disposé à défendre. La seule chose seulement que nous puissions admettre comme vraie , c'est que les langues Grecque et Latine ont eu, bien plutôt que la langue Gauloise , les moyens de se produire et de se répandre dans le monde ; qu'elles ont été cultivées à leur origine plus généralement et avec plus de succès , parce que les premières écoles Grecques et Latines ont pu subsister longtemps sans aucun trouble sérieux , et recevoir de nombreux encouragemens ; que les écoles Grecques et Latines enfin se sont trouvées l'une et l'autre placées bien plutôt que la langue Gauloise dans les conditions les plus avantageuses et les plus propres à favoriser leur développement et leur perfectionnement. Mais quant à la question d'ancienneté ou de priorité d'origine entre ces trois langues anciennes , nous le répétons encore , nous n'avons aucune raison pour la décider aujourd'hui en faveur de l'une ou de l'autre. Il nous serait facile à cet égard d'ouvrir aux conjectures le champ le plus vaste ; mais nous nous garderons bien de le faire , parce qu'une fois engagé dans cette discussion , nous ne savons guère où il nous serait possible de nous arrêter.

PLUTON.

Nous avons à parler maintenant du dieu que les Grecs et les Latins appelaient Pluton et les Gaulois Sérapion. Nous ne dirons rien des autres dieux de l'antiquité, attendu qu'il ne nous est pas démontré qu'ils aient été connus des Gaulois, ou, ce qui est la même chose, qu'ils en aient reçu des noms tirés de leur propre langue. Pluton, fils de Saturne et frère de Jupiter et de Neptune, eut en partage les enfers (1). Il était représenté sur un chariot tiré par quatre chevaux noirs, et avec des clés à la main, pour signifier qu'il tenait les clés de la mort et que ses chevaux couraient dans les quatre âges de la vie de l'homme. Pour exprimer par un mot les attributions de ce dieu, les Latins lui ont donné le nom de Pluto, lequel signifie dans leur langue : *pater luctus totius*, le père du chagrin, de toutes les afflictions. Il eût été difficile aux

---

(1) Les enfers (le Tartare des poëtes) étaient chez les anciens peuples des lieux où régnaient le désordre et une nuit éternelle. Les âmes y étaient livrées à toutes sortes de tourmens. Quelques-uns disent que Pluton fut appelé le dieu des enfers, parce qu'il institua le premier les honneurs funèbres que l'on rend aux morts. Il paraîtrait qu'il y eut plusieurs Pluton dont les poëtes ont réuni les histoires pour les attribuer à un seul. On lui donne plusieurs noms. Les Latins et les Grecs l'on tappelé Pluton. *Dis dies piter februs, orcus, summanus.* Les phéniciens Mouth, c'est-à-dire mort. Quelques auteurs le confondent avec Plutus, dieu des richesses. Diodore de Sicile. Bibl. liv. 4 et 5. Aristophane *in plut. Vincent Cartari de imag. deor*, etc.

Latins de trouver un mot plus heureux que celui-ci et qui exprimât mieux leur pensée.

Les Gaulois, comme on a pu le deviner déjà, n'avaient pas de Pluton les mêmes idées que les Latins. Ils le considéraient comme le père de leur race, et c'était, nous dit Jules César, une tradition qu'ils tenaient de leurs prêtres, les Druides. Aussi, le nom qu'ils donnèrent à ce dieu s'accorde-t-il parfaitement avec cette idée, et trouvons-nous dans le mot Sérapion, décomposé comme les précédens, cette pensée de vouloir désigner Pluton comme le père de la race des Gaulois (S-e-r-a-p-i-o-n): Il est notre père ancien, sa race orgueilleuse sera immortelle : sa race sera immortelle ; avec son appui on ne périt point, on ne périt jamais. Le mot orgueilleux, au temps des Gaulois, était pris toujours en très-bonne part. Il n'en pouvait être autrement, comme il sera facile à chacun de le comprendre, lorsque nous aurons fait connaître l'étymologie de ce mot. (O-r-g-u-e-i-l-l-e-u-x): Ils sont guerriers, illustres, et leur origine est véritablement grande. La lettre x a ici, comme dans beaucoup d'autres mots, la signification de l's. Elle en a quelquefois encore une autre ; mais nous n'en parlerons que dans la suite, lorsqu'elle pourra nous fournir des exemples. Puisque nous en sommes sur les exemples, nous ne devons pas omettre d'observer ici que la lettre i a quelquefois la valeur du j, ainsi qu'on vient de le voir dans l'étymologie du mot Sérapion de la seconde version.

Nous avons donné l'étymologie latine du mot Pluto des Romains ; mais il paraît certain aussi que les Gaulois ont adopté le même mot Pluton comme exprimant en leur langue les idées qu'ils avaient de ce dieu, ainsi qu'ils l'ont fait, comme nous l'avons vu ailleurs, du mot Apollon. Au rapport de César, les Celtiques ou Gaulois méridionaux ne parlaient pas la langue des Gaulois septentrionaux ou Belgiques. Les relations continuelles des premiers avec les Romains dont ils étaient les voisins, ou dont ils étaient les moins éloignés, devaient nécessairement donner lieu à une langue particulière mi-Latine, mi-Gauloise, et le mot Pluton va nous offrir, comme l'ont fait les mots Apollon et autres que nous avons vus, un des caractères de cette langue de transition (P-l-u-t-o-n): Notre père unique, toujours triste, pleurant toujours.

Nous terminerons ici l'histoire des dieux des Gaulois. L'étude que nous avons faite de l'étymologie des noms qui leur furent donnés, comme de quelques autres mots qui formèrent des premiers la langue des Gaulois, nous ayant déjà suffisamment familiarisé avec la méthode de la formation des premiers mots de notre langue, nous allons, dans le chapitre suivant, rechercher l'étymologie des noms des chefs Gaulois que nous offrent les commentaires de César et des noms des premiers chefs des Francs qui leur succédèrent plusieurs siècles après. Nous démontrerons ainsi que les règles qui présidèrent à la formation de notre langue furent toujours les mêmes, à toutes les époques.

DE L'ORIGINE

ET DE LA SIGNIFICATION

DES NOMS D'HOMMES,

ou de

LA SILDENOME (1).

L'HOMME a été doué de l'organe de la parole pour en faire le premier instrument de sa pensée. C'est par la parole qu'il peut exprimer tous ses besoins, et c'est par elle aussi qu'il témoigne de cette sublime faculté, qui en fait le premier être de la nature, de cette faculté que nous appelons la raison. Ce mot raison est pour nous déjà une révélation ; il fut composé par les hommes les plus sages de l'antiquité, pour exprimer l'exercice de l'âme, de cette essence spirituelle et divine de notre être. En effet, en décomposant ce mot raison, qu'y trouvons-nous ?

(1) (S-i-l-d-e-n-o-m-e.) Elle est la signification des noms. Elle explique l'origine ou la signification des noms.

(E-c-o-l-â-t-r-e) : religieux attaché aux écoles où l'on enseigne la théologie.

<hr>

THÉOLOGIE.

Nous voici enfin arrivé aux mots auxquels on donne une étymologie grecque, et affirmativement encore.

La théologie est définie par les modernes : la science des choses divines, la science qui a pour objet Dieu et les doctrines de la religion. Ce mot, dit Moréri, signifie discours touchant Dieu (de Θεος, Dieu, et λογὸς, discours), parce que, dit-il, c'est le propre des théologiens de parler de la divinité. Les païens enseignaient la théologie tout aussi bien que les chrétiens, et nous voyons que les Perses se servent des expressions théologie et théologiens, en parlant des auteurs qui ont écrit sur les divinités du paganisme. Eusèbe, Varon, etc., distinguent trois sortes de théologie parmi les païens. La première qu'ils appellent fabuleuse ou poétique ; la seconde, naturelle ou physique, celle-là appartient aux philosophes tout particulièrement ; la troisième, la théologie civile dite celle du peuple et de l'état. La première et la seconde se trouvaient comprises dans les attributions exclusives des poètes et des philosophes. Chacun d'eux y retranchait ou ajoutait ce qu'il jugeait à propos. Quant à la troisième, celle de l'état, elle était du domaine de la magistrature ; celle-ci veillait seule à sa conservation, et personne n'y pouvait rien changer sans son autorisation. Au rapport à rechercher et reconnaître ces peuples , à découvrir la signification des noms qu'ils se donnèrent ; noms qui se retrouvent encore , comme nous allons le voir , dans les mots qui servent à désigner aujourd'hui chaque ville ou bourgade d'origine gauloise. Les noms des vieilles cités gauloises étaient , au temps des Romains , ce qu'ils sont encore aujourd'hui , et César nous prouve par les traductions imparfaites qu'il nous en a transmises , que s'il connaissait les noms des villes ou peuples dont il nous entretient , il ignorait complètement la signification de ces noms.

Dans le récit qu'il adressait de ses batailles et conquêtes au sénat de Rome , il lui fallait de toute nécessité désigner dans sa propre langue , et d'une manière intelligible aux Romains , les peuples de la Gaule avec lesquels il était en guerre. S'il eût connu la langue des Gaulois , on ne l'eût pas vu se faire souvent assister auprès d'eux d'un interprète comme il le dit lui-même , eût-il d'ailleurs traduit Amiens par *Ambianensis* , Amiénois par *Ambiani* , Neslois ou Nelviens par *Nervii* , Breteuil par *Bratuspantium* et ses habitans par *Bellovaci* ? Les meilleures traductions qu'il nous ait données de ces noms de peuples ou de leur ville sont celles qui se rapportent à la Lutèce des Parisiens (*Lutœtia parisiorum*) , aux peuples de Vermand et d'Athies sur l'Aumignon (*Veromandui* et *Atuatici*) , d'Albert sur l'Amiraumont (*Atrebates*) ; mais en traduisant assez bien ces noms , il nous témoigne encore de la manière la plus évidente qu'il en ignore complètement la signification ; en effet, le mot Neslois ou Nelvien n'offre à son esprit que l'idée d'homme fort et nerveux souvenir nous reste-t-il aujourd'hui d'un si grand désastre? Quel fut le théâtre d'un événement si plein de douleur? Quels lieux en furent les témoins et pourraient nous le redire? C'est là un point de l'histoire ancienne sur lequel il y a encore possibilité, nous l'espérons, de répandre quelque lumière.

Le lieu où campait l'armée Romaine, nous dit César, était une montagne qui descendait doucement vers la Sambre; vis-à-vis cette montagne et à deux cents pas environ au-de là du fleuve, s'en trouvait une autre d'une pente toute pareille, mais plus basse que la première. Découverte dans toute son étendue, le sommet seulement de cette montagne était garni d'arbres épais et touffus au travers desquels la vue ne perçait que difficilement. C'était là que les Gaulois s'étaient retirés. Ils laissaient voir seulement de temps en temps, dans une partie découverte, et le long de la rivière profonde en cet endroit d'environ trois pieds, quelques cavaliers envoyés là en sentinelles ou en éclaireurs. (1).

Ce fut donc au-dessus de la Sambre et sur ces montagnes que nous voyons s'étendre au Nord, vers la ville appelée le Quesnoy, laquelle ville est située à mi-chemin environ

---

(1) Loci natura erat hæc, quem nostri castris delegerant. Collis ab summo æqualiter declivis ad flumen sabin, quod supra nominavimus, vergebat; ab eo flumine pari acclivitate collis nascebatur adversus huic, et contrarius, passus circiter ec. Infimus apertus, ab superiore parte silvestris, ut non facilè introrsus perspici posset. Intra eas silvas hostes in occulto sese continebant: in aperto loco, secundum flumen, paucæ stationes equitum videbantur. Fluminis erat altitudo circiter pedum III.

NUMÉROS des		PAGE 31 à 74.
Pages.	Lignes.	
31	16	Belgique : indique qui est belge, indique en quoi, en qui gît un belge, quelque belge.
37	6	Les peuples qui *l'habitaient* n'étaient pas des barbares, comme le dit César.
53	4	Et dont on *remplit* les caisses de l'Etat.
69	8	Que nous représentons aujourd'hui par une *phrase souvent très-longue.*
70	*Note.*	*L'art* de la composition des mots au lieu de il est.
Id.	4 et 10	(Lig. 4) nous *gardant* bien. (Lig. 10) Si Virgile eût possédé des mots d'une telle euphonie, il les eût *fait entrer dans des vers de ce genre.*
71	4	D'y faire entrer de *courtes syllabes* et de placer les lettres de manière à rendre la prononciation douce et facile.
Id.	6	Chaque *initiale ou syllabe* représente un mot, *et chaque mot exprime un sens complet,* c'est-à-dire *une phrase entière.*
Id.	20	Et chacun d'eux servira à *confirmer les observations* qui précèdent.
72	16 et 20	Ces diverses fonctions étaient *par* trop étendues, elles exigeaient trop de soins. (L. 20) qu'à chacun d'eux appartint.
73	1re et 8	*Et* les beaux-arts chez..... (Ligne 8) enfin *ceux-là* s'appelaient Eubages, etc.
73	21	Druides : ils descendent des Dieux universels et en donnent une idée juste, droite et vraie. (Lignes 26 et suivantes) c'est que les lettres *i* et *u* ont souvent, outre leur signification propre, celles du *j* et du *v* : la seconde, c'est que nous ne connaissons qu'une sorte de syllabes au lieu des trois qui se trouvent dans les mots (syllabes courantes,
Id.	29	retournées, interrompues.) Ide, par exemple, dans Druide, signifie idée, des dieux. Nous trouverons de ces syllabes dans presque tous les mots.
74	6	Barde : Druide *enseignant* de beaux-arts. Druide *décrivant* de beaux-arts. Règle, etc.

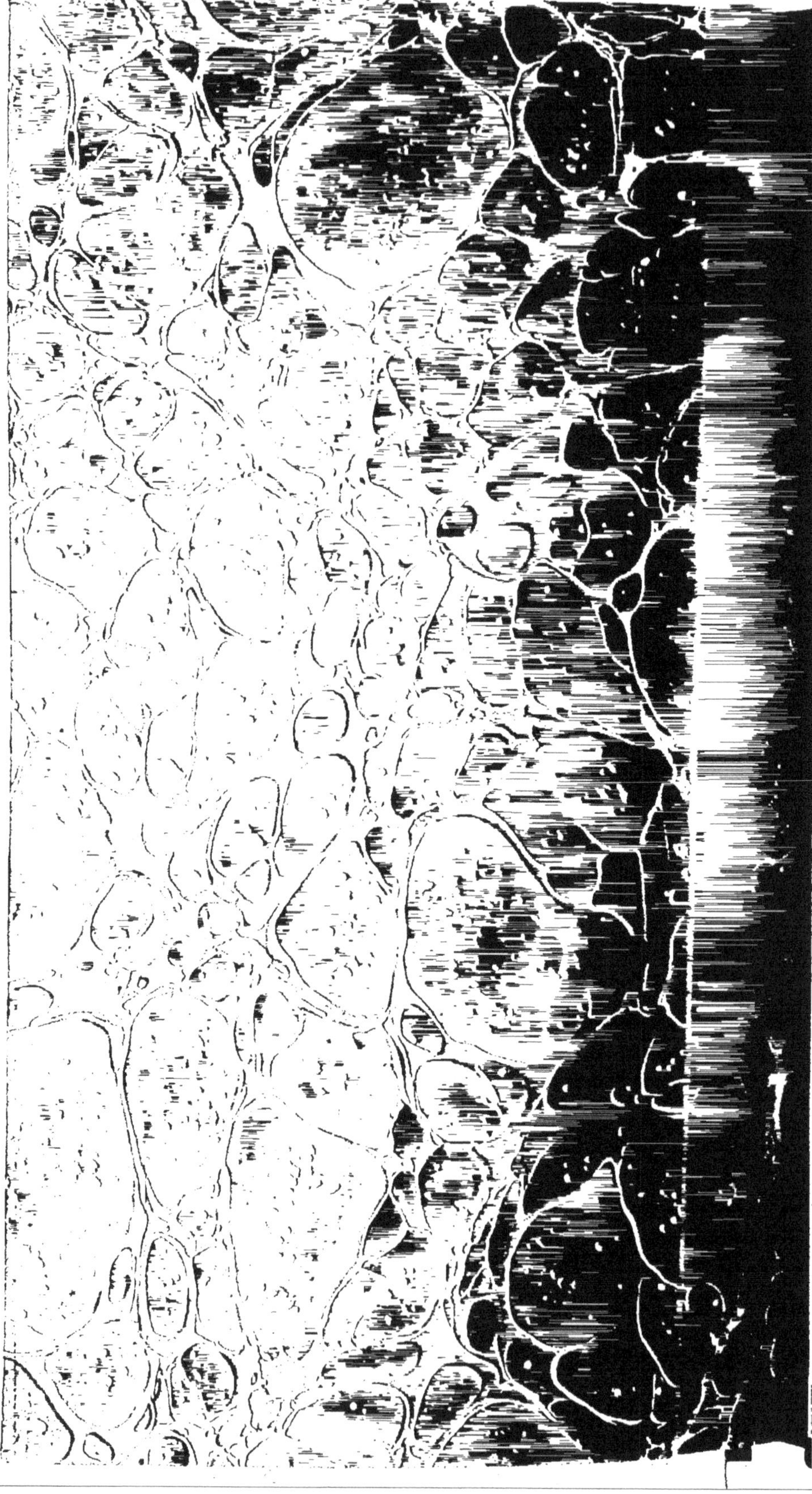